早稲田とか東大の投資サークルが書いた無敗の株の本

ぱる出版

はじめに

　「株式市場で個人投資家の大半が負けている」ということを知っていますか？　そんな問いかけをすると、多くの人が「当然知っている」と答えます。そう、株式投資には不都合な真実があるのです。

　投資の世界は時として残酷です。歴戦の覇者である機関投資家と、デビュー間もない個人投資家は、最初から同じフィールドで戦わなければいけないのです。しかも真剣勝負で。言うまでもなく、機関投資家は「投資のプロ」です。プロとして生き残ってきたから「機関投資家」と呼ばれているのです。

　「機関投資家」は情報量・資金量・経験値どれをとっても個人投資家の遥か上の存在です。

　メジャーリーグに行った大谷翔平が、近所の中学生の野球チームに混じっています。

　世界の至宝・イチローが、小学生相手に公園で本気なんです。
　大人げない？いえいえ、これが投資の世界の「見たくない現実」なのです。
　では大谷は、イチローは、どれだけの割合チームに混じっているの？
　正解は約75％です…　4人に3人が「百戦錬磨の戦士たち」なのです。

　そんな環境にうっかり混じってしまった個人投資家は目の前の強敵相手に勝てますか？
　このような「現実の正確な理解」から始めることが「勝つための第一歩」なのです。

大谷、大谷、大谷、個人、イチロー、イチロー、イチロー、個人、大谷、大谷、大谷、個人、イチロー、イチロー、イチロー、個人、大谷、大谷、大谷、個人、イチロー、イチロー、イチロー、個人、大谷、大谷、大谷、個人、イチロー、イチロー、イチロー、あなた…

　もしこのようなチームで、初心者のあなたが生き残らなければいけないとすれば、一体どんな戦略を立てますか？　これは僕が主宰する株式投資サークルで、毎年新しく入会してくる新入生たちに最初に考えてもらう課題です。

　新入生の回答はだいたいこうです…「もう少し力をつけてからチームに交じる」なたもきっとそう考えることでしょう。もちろんそれは正解です。

　筋トレをしてタイヤ走を繰り返して飛距離を伸ばすのか、動体視力を鍛えてバットを振り遅れない技術を身に付けるのか、いろんなことを考えられるでしょう。でも、ただ闇雲にバットを振るだけで、いつか本当に大谷やイチローに勝てるようになりますか？　そんなことをしてる間に年老いて間に合わなくなってしまうはずです。

　でも、落ち込む必要はありません。このチームであなたは勝つ方法を見つけられるはずです。なぜなら、目の前に「勝つための見本」がゴロゴロ存在していて、その動作や考え方にいつでも触れられる環境があるのです。「学ぶより慣れろ」です。

　「株の世界で勝ち組は機関投資家、負け組は個人投資家」…そのことがわかっているのなら、あなたがお手本とすべき「生きた見本」は機関投資家の姿以外に考えられないはずです。

　それなのに、ほとんどの個人投資家は独学で勉強しようとします。

　「株の戦術書」と呼ばれる参考書を片手に「勉強している自分の姿」に酔おうとします。

ここで気付かなければいけないのは、「個人投資家＝負け組」と同じスタイル・考え方・方法で挑んだとしても、いつまで経っても到底勝てるわけがないということなのです。そんな個人投資家の学習スタイルが「参考書で漫然と勉強」というものです。

もしここで、参考書ではなく「生きた見本＝機関投資家」のスタイルに倣えば勝てるはずなのに、「機関投資家のように資金力がないから」「時間がないから」などと適当な理由をつけては、先人たちが負け続けてきた「屍の道」を自ら歩もうとするのです。…これっておかしくないですか？

「負けている個人投資家ほど多くの参考書を読んでいる」という事実があります。新しい参考書が出るごとに自分の本棚に並べて満足する。良く言えば勉強熱心ですが、そんなのただの「収集マニア」です。

実際、今回の執筆にあたり、自分もここ最近発売された「株の参考書」の類を集めて、どのようなことが書かれているのか分析してみました。

非常によく売れているというピンク色の入門書から、短期間に億を稼いだ本、文章でなく漫画形式のもの…　など20冊。「初心者向け」として書店で店員に薦められたものを一通り目を通してみたのですが、そこで気付いたことがあります。
「これ、書いてる戦術、みんな同じじゃん‼」タイトルこそ違えど、どの本に書かれている内容も、用いるテクニカル手法からエントリーポイント戦術まで、どれをとっても金太郎飴の切り口より遥かに同じ表情をしているのです。
「速球が来たら振り遅れないようにコンパクトに脇を締めてかかりましょう」…　「予想と違う球が来たらカットして逃げましょう」…　同じことしか書いてありません。

もちろん初心者向けである以上ある程度仕方ないことではありますが、いつまでも他人と同じことをしていたら他人を追い越して上に行けるわけがないのです。それが「負け組の勉強法」であるのならなおさらです。

　自分は芸人・放送作家として動く傍ら、「JumpingPoint!!」という株式投資サークルを主宰し、東大・早稲田・慶應などの大学生に対して毎週株の講義を行ってきました。卒業生は 500 人を越え、そのサークルでは設立以来「8 年連続年利 100% 以上」を継続しながら現在も活動を続けています。

　実は、私たちのサークルが一度も負けずに勝ち続けてこれた理由はこの分析手法と応用の仕方にあります。
　「個人投資家はどのような場面でどのように考えるか」をベースに、その「弱い投資家たちをどうやって叩くか」に的を絞って、戦略を立て戦術を敷いてきました。

　「弱気をくじき強きに迎合する」社会的規範から考えると最低の思考法かもしれませんが、株の世界においてはこれほど最強な方法は無いと確信しています。
　Youtube で「JumpingPoint!! の株 Tube」というチャンネルも開設し、たった半年で最速 8000 登録を得られたのも、多くの方が実際にこの手法を用いて勝てるようになってチャンネルを支持していただいたからに他なりません。

　「異端」に舵を取ることで勝ってきた私たちサークルの思考法を用いて、みなさんが「勝ち組」に名乗りを上げていただけることを心から楽しみにしています。

　さぁ、冒険に出かけましょう!!

はじめに … 3

《第1章》
私たちは学生最強の投資サークルです

JumpingPoint!! って何者？　010

《第2章》
絶対負けないための『戦闘準備編』

2年×80％＝株バイバイ！　の実現　036
「ゼロサムゲーム」の意味って？　039
プロと戦いますか？
赤ん坊を殴りますか？　041
常に勝つから機関投資家！　044
「弱い個人投資家」の癖はバレバレ！　046
勝つのは大変、でも負けないだけならなんとかなる　051

《第3章》
本気で勝つための『戦略編』

なぜ？　株Tubeで無料情報配信　056
仕手株を恐れるな！　059
500人の卒業生から見る「勝ち組」「負け組」　062
「五反田マネーウォーズ」の快進撃を期に　076
株だけで8,000万円稼いだ天才の理由　080
株Tubeを徹底的に使いこなそう　082
損切りは金？　いや消極的な損切りは禁でしょ！　092
癖があるから狙われる個人投資家の致命的な欠点とは？　095
個人投資家討伐マニュアル～情弱をみんなで倒す物語～　100
JumpingPoint!! らいおんまるオリジナル本邦初公開「ヒートマップトレード」　108

《第4章》
「株 Tube」オススメ動画ランキング

「株 Tube」オススメ動画ランキング　128
株 Tube 現在公開中人気のラインナップ　136

《第5章》
投資の「真実」と「騙し」についてザックリ解説

騙されたくないのに騙されている件　147
「2,000万円。老後自助努力な」　149
「投資三分割、分散投資法」…少額をさらに小分けですか　150
「信用取引は絶対悪」…儲かるかどうかのハナシじゃん　152
「ナンピン買い」し続けるとどんな目に遭うか　154
「チャート分析で動きを読む」ことの終った感は異常　155
「材料、逆張りで先回り」は爆死のショートカット　157

《第6章》
「株 Tube」出演者図鑑

おわりに　172

編集　：らいおんまる（佐竹祥史）
デザイン：千葉秀範
制作進行：表　　敏
企画　：有限会社 デュマデジタル
企画協力：株式投資サークル JumpingPoint!!
　　　　府中翔汰
　　　　藤松美伶
　　　　石川勇征
　　　　大迫泰成
特別協力：筒井源太

第1章

私たちは学生最強の投資サークルです

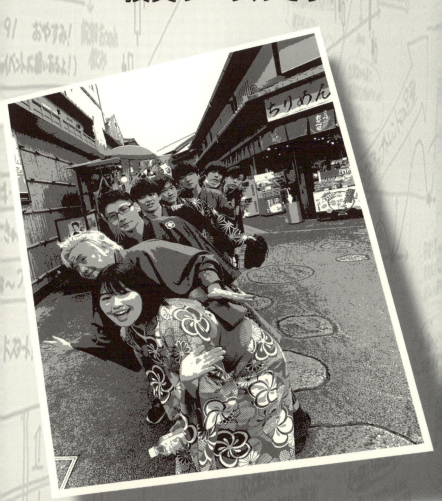

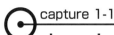
JumpingPoint!!って何者？

自慢じゃないけど8期連続年利100％！

　残念ながら、僕たちのサークル JumpingPoint!! は「異端児」です。自分では決してそう肯定するつもりはないのですが周囲のサークルにはいつも言われます、「あいつらは変だから気をつけろ」と。だとすれば、きっと自分たちは異端児なのでしょう。あえて否定はしません。

　なぜ異端扱いを受けるのか？
　当然思い当たる部分があります。
　自分たちのサークルの目指す形と他の投資サークルが目指す「未来像」が根本的に違うのです。

　多くのサークルにいつも文句をつけられる理由はただ1点。
　JumpingPoint!! では毎年、いろんな大学の新歓ビラ撒きに参加してチラシを撒くのですが、そのチラシの謳い文句が知らず知らずに敵を作ってしまっているのです。

　「8期連続年利100％達成！」「卒業生の40％が専業トレーダーか学生起業家！」
　こんな内容をアナウンスしたうえで、掲載する写真は全員Tシャツ姿で日本中を遊びまわっている写真を前面に出しています。そこに他のサークルのようにスーツ姿で証券取引所

に見学に行ったり専門書を輪読する写真はありません。

　今年のチラシにも、この春メンバーみんなで何台ものキャンピングカーに分乗して遊びに行った写真を載せました。集合写真は車の屋根の上に乗って「青春100％」をイメージしました。

　この写真を選んだ理由は、みんなで一緒に遊ぶって楽しい。

面白かったから載せてみた、ただそれだけです。

　JumpingPoint‼ の面々はみんな遊ぶのが好きです。山も川も好きなので、休みを見つけて日本全国旅行に行くほか、美味しいものを追い求めてバイキングや近場の遊び場には毎週のように出かけます。音楽フェスにみんなで遊びにいってキャンプを張る投資サークルなんて、日本全国探し回っても多分ここだけです。

卒業生の4割以上が専業トレーダーか起業家！

　そんな楽しさ満点に詰め込んだサークルのチラシに他の投資サークルからたびたびクレームが入ります。「投資サークルのイメージを落とすな」「金融リテラシーを持て」と。

　特にこの「金融リテラシーを持て」というのが、元来の言葉の意味以上に厄介で、たぶん自分たちのサークルメンバーは一生身につけることができないと思う内容なのです。

　一時期、新歓チラシの裏面に「サークルの1か月分の全トレード結果」を掲載したことがありましたが、そのときに非難の声は物凄かったです。

　デモトレードではなく実際のリアルトレードで、1ヶ月で1000万円を1400万円に増やしたのですが、それを載せた途端、メールアドレスには他サークルからのクレームの嵐が。

「勝ってる結果を見せるのは他のサークルの新歓妨害だからやめろ」「トレード結果を見せるのはマナーとしてなってない」「勝つのが目標になっているが、それは大学生の本分ではない」…　ふむふむ。

さらには、「勉強せずに勝つのが流行れば日本の経済の未来がおかしくなる」「トレードを強要するのは人権侵害じゃないですか」などというものまで…　うん、なんたるグローバル視点（笑）

要するに「大学生の本分は株や投資の仕組みを勉強することであって、株で稼ぐだけのサークルなんて辞めちまえ！」というのが現状の大学での投資サークルのメインの考え方なのです。

その証拠に、いろんな他の投資サークルに「メンバーのうちどれくらいの人がトレードしていますか？」と質問してみたところ、「実際に投資するのは0〜2割程度」という結果が出ました。

おかしくないですか？
株を勉強しているのに株に投資をしない。
じゃあ目的は何？

「目的は企業を研究し、大学生として正しい金融リテラシーを持つこと」それが彼らのコンセンサスなのです。実際に投資サークルでありながら投資を禁止しているサークルすら存在するのには、もはや自分の理解の範疇を超えていて、半ばあきれ返ってしまいます。

本を読まない＆研究発表会に参加しないスタイル

けれども、これが日本の投資教育の現状なのです。
「仕事せずに金を稼ぐのはズルイ、キタナイ」「金を稼ぐ姿を他人に見せるのはハシタナイ、ミグルシイ」…　一言でまとめると「投資なんて、やめときなさい」と。

自分がこのサークルを立ち上げたのは今から10年前のことです。
当時、京都大学経済学部経営学科を卒業（卒業後に吉本のお笑い養成所に通ったので最終学歴はNSC24期生です、笑）

しましたが、そのときお世話になった恩師の先生が早稲田大学で当時副総長を務められた寄本勝美先生でした。

自分の起業のアドバイスだけでなく、会社の株主になってもらったり、学校から数分の場所にある自分の会社まで時間を見つけたらコンビニで買ったプリンを持ってよく遊びに来てくださりました。

そんな教授が常々口にされたのが、プリンで…　あっ少しふざけてしまいました（笑）

もとい、普段から口にされていたのが、「最近早稲田から実学の精神が消えてきてると思うんだ」ということでした。現場のフィールドワークに一生をささげた教授らしい言葉です。

「最近の学生は理論ばっかり大層に捏ねるけど、実際にやってみろっていっても何もやらないんだ。おかしいよね。」

そんなある日、教授にあるゼミ生の進路の相談を受ける機会がありました。

「起業したい夢を持っていてアイディアも良いけど、家庭的に留年や休学する余裕はないんだ…」

そのときに僕が教授の前で披露したのが「デイトレードの実践」でした。

「進路の障害になっているものがお金と分かってるなら、難しく考えず速攻で稼げば良いだけのこと」と自分は考えたからです。

　教授とそのゼミ生を前に、1週間毎日1時間ずつ、板の見方やトレードの方法を説明しながら、デイトレードを目の前でやってみたところ、20％程度の利益を上げられたのですが、そのときの教授の言葉がこのサークルを設立するきっかけでした。

　「こんな凄いの、みんなに教えてあげなきゃ駄目だよ‼」
　それから教授は、わざわざ大学内に自分の2つ目の研究室を大学から借りてくださり、株の講義を毎週僕がそこで教えるようになったのです。

　今みなさんに毎週「株Tube」が公開できているのも、今回このような本を出せたのも、元をたどればこの教授の「実践あるのみ」の精神が生み出してくれた宝物なのです。

東大・早稲田・慶應中心なのに
安定の休学＆留年率！

話を戻しましょう。
　「投資サークルの考える金融リテラシー」についてです。

　「大学生の本分は株や投資の仕組みを勉強することなのだ

から、株で稼ぐだけのサークルなんて意味がない」…　これって本当でしょうか?

「大学生の本分が勉強」…　この多様性の時代に、もちろん否定はしません。
　けれども大学時代にお金を持つこともまた、同じくらい意味のあることではないでしょうか。

　考えてみてください、同じ金額のお金が持つ価値を。

　社会人になって1,000万円の貯金をしたところで、別に自慢にも何にもなりません。初任給とは言わずとも30歳前で年収1,000万円を超える会社など身の回りに普通に存在するからです。

　けれども、それが大学時代の1,000万円の価値は想像を絶するものになります。

　周りのみんなが時給1,000円や1,500円で働いている最中、あなただけが1,000万円を持っている「そのこと自体」に価値があるのです。

　学校を卒業して社会人になると、みんなそれぞれの人生設計を行うのが当たり前になり、結婚したり、子どもを育てたり、家を買ったりするタイミングは人それぞれ、別段誰も気にかけません。

17

けれども学生時代は違います。

　基本的にみんな同じくらいの賃金でアルバイトをして、同じくらいの家賃の賃貸に住んで、同じくらいの安い居酒屋で飲んでカラオケの同じ部屋で始発を待ちます。そんな「同じ経済レベル」の世界において1,000万円という札束は凶器です、いや狂喜です。

　その額で広い一軒家を借りて無料で開放したらどれだけの仲間が毎日集まるでしょうか？
　その額で「時給3,000円」でアルバイトを募集したらどれだけ優秀な仲間を呼べるでしょうか？
　そこに集まったメンバーで会社を建てたら、どんな未来が広がるでしょうか…？

　けれども、実際にこれを行動に移す人はほとんど居ないのです。「お金さえあれば、未来の可能性が広がるのが分かっているのに」です。

世界初？　情報発信する学生投資サークル

　よく聞かれるのですが、自分はお金儲けがすべてとは決して考えません。
　もしそう考えるのなら、京都大学を卒業する際に、お笑いの世界に飛び込まず、超超超超高待遇でスカウトして頂いて

いた幾つかの有名一流企業で安定した年収1,000万2,000万の生活を選んでいたことでしょう。

実際、大学時代は今から考えても薔薇色を100倍濃縮したくらいの楽しい毎日でした。

立ち上げたイベントサークルが軌道に乗り、主催するイベントの集客レベルは完全に関西のトップでした。内容はよくある普通の学生パーティで、当時流行していたパラパラをするだけの「どこにでもあるイベントサークル」だったのですが、集客が毎回2,000人以上でチケットが完売しなかったことは一度もありませんでした。

当時は「親のバブルの後の子供バブル全盛期」で、親から学生への仕送り額は今の時代の倍近くありました。

実際の公的な調査データと学生のリアルな肌感覚は大きく違いますが、アルバイトをしなくても遊ぶお金を誰しもが持っていた印象です。

なので、今の時代に比べてイベントを開催しやすい土壌があったのは確かですが、それでも男子7,777円女子5,555円のチケットはなかなか高価なもので、毎月そのチケットを捌き続けられたのは今でもちょっとした自慢です。

なぜそんなに集客ができたのか？
その秘密は2つあります。

1つ目は母親を真似たこと。

自分の母親はとにかく社交的でパーティ好きのリーダーおばちゃんを絵に描いたような人間です。

毎週末、「今日はお好み焼き、明日はサンドイッチ」という具合に、ことあるたびにいろんなコミュニティの仲間を家に呼んでパーティを主催していました。

なので知らず知らずのうちにその性格を引き継いでいて、小学校時代から毎日家に何人も連れて帰って遊ぶ感覚が「当たり前」になっていました。

2つ目は面白い仲間を大量に呼び集めたサークルだったこと。

　自分は大学1年のときにサークルを7つ掛け持ちしていました。
　自転車で琵琶湖一周したりキャンプに出かけるアウトドア系サークル・テニスシューズすら買わなかった飲み会要員のテニスサークル、ドライブ大好きな旅行系サークル…　ほかにも、学生パーティ系イベントサークル・学園祭の実行委員会・麻雀サークルをはじめ、体育会の部活にまで籍を置いていました。

　どのサークルにも必ず、そのサークルの中心をなしている「オモロイ奴」が存在します。けれども、今のようにSNSが発達していない中で、そのオモロイ奴同士が出会う機会はほとんどない時代でした。

　「もし、こいつら全部集めたら、絶対オモロイサークルができるんじゃないの？」
　その単純な思いに駆られて、自分が所属する7つのサークルにばらばらに存在していた面白いと思ったメンバーに全部声をかけてまわりました。

　そして一念発起して、マンションほど大きくないですがアパートを一棟全部借り切って、どの部屋にも鍵は一切かけずに「無料シェアハウス」の状態でメンバーみんなが自由に使える空間をつくって開放しました。

全自動麻雀卓を4台完備して、24時間必ずどこかしこで飲み会を開いていて、酒でつぶれた面々が適当にベッドに転がっている日常…「史上最強のサークルたてようぜ！」の掛け声で集めた面々と一緒に立ち上げたサークルが面白くないはずはなく、イベントは常に大盛況でした。

　その成功の基点となったのが、まさに「大学2年生の時に1,000万円持っていた」からに他ならないのです。(1,000万円は浪人中に仲間と個人塾を起業して稼いだお金でした。)

　そのお金を元に家賃無料のシェアハウスを持ち、新歓費無料のイベントを打ちまくり、どこよりも大きな立て看板を立

て、当時白黒コピーの時代に1枚50円のカラーコピーで作った学内チラシを無限に撒きまくる攻勢も仕掛けたのですが、これこそまさにさらに金の力と仲間の数に物を言わせた「力技」に他なりません。

　学生が「力技」を使って負けないという確信は、このときの実体験からきています。

　当時、サークルを立てる前から「誰も集まらなかったらどうしよう？」「家賃払えなかったらどうなるかな？」… そんな心配は不思議とありませんでした。
　その理由は最初から負ける可能性なんて微塵も感じなかったからなのです。

学生投資界最大のメディアに育った『株Tube』

　日本には"謙遜"という美学が昔からあるようですが、その謙遜が行き過ぎて「自分の凄さを過小評価」してしまう人が多いように感じます。

　他人のできないことを実行に移すという行為は、それが犯罪でない限り、本来それ自体が意義深いものです。その意味において、世間の「賃金という物差しでの評価」を除けば、あらゆる仕事に貴賎はありません。
　時給1,000円のアルバイトも、月給30万円の派遣社員も、月給100万円の社長も、それぞれが誰かができない社会の役

割を担って対価を得ているという根底は同じなのですが、実際、その仕事から得られる賃金は異なっています。

　そのような事実は誰しも理解しているはずなのに、その仕事内容がデイトレーダーとなった途端に社会の評価は厳しくなります。これは Youtuber やプロゲーマーの見られ方と近いかもしれません。

　「インテリアデザイナーで月収 50 万円」「商社勤務で月収80 万円」といっても誰も文句は言わないのに、それが「デイトレーダーで月収 100 万円」「Youtuber で月収 200 万円」「プロゲーマーで月収 300 万円」となると急に「なんだその仕事みたいなものは？　社会をなめている暇があったらちゃんと働きなさい！」となってしまう…　変じゃないですか？
　ここ最近の子どもたちの「将来なりたい職業ランキング」では、小学生・中学生・高校生の男子部門すべてで「Youtuber」が上位にランクインしている。子どもたちの憧れの対象は、世界的にも有名になった HIKAKIN のような「クリエイティブな年収数億選手たち」の姿です。けれども、なかなか社会はそれを許してくれません。

　さまざまな会社が毎年発表している「子どもに将来なってほしくない職業ランキング」では、ここ 3 年毎年ぶっちぎりの第 1 位なのが「Youtuber」で、20 代の親から 60 代以上の親まですべてが忌み嫌っている現状がわかります。

「なぜ子どもに Youtuber になってほしくないのか」の理由では…

◎収入が安定しないから

◎趣味ですることで仕事ではないから

◎人の役に立っていないから

というのが上位の意見で、まだ社会には認知こそされ許容されていない状況が浮かび上がります。

実はこれが僕たちが『株 Tube』という Youtube チャンネルを始めたきっかけの１つです。

自分の性格は根っからの「負けず嫌い」です。なので、「無理といわれたら本当に無理かどうか証明してやろうじゃないか」ってヤツです。

もし「収入が安定していて、仕事と呼べる内容で、人の役に立つ Youtuber」なら社会的に認められるんじゃないかな？

そんな単純な興味から『株 Tube』の活動をスタートさせてみました。

このサークルを作った目的もやはり、「金融のイメージを変えよう」ってことが理由です。

25

JumpingPoint! 2015　第１講

■日経平均株価（2015/4/18現在）

特に強いアップトレントガが継続している場面では、いかに資金を短期でまわせる銘柄に投資するかで取れ高が大きく変わってくる。

JumpingPoint! 2016 第1講

■日経平均株価（2016/4/13現在）

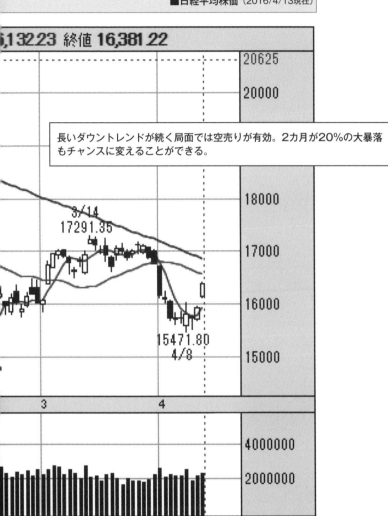

長いダウントレンドが続く局面では空売りが有効。2カ月が20%の大暴落もチャンスに変えることができる。

第1章・私たちは学生最強の投資サークルです

JumpingPoint! 2018 第1講

JumpingPoint! 2019 第1講

■日経平均株価（2019/4/10現在）

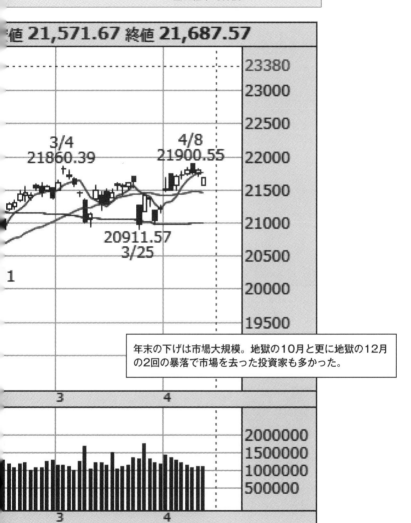

年末の下げは市場大規模。地獄の10月と更に地獄の12月の2回の暴落で市場を去った投資家も多かった。

第1章・私たちは学生最強の投資サークルです

第2章

絶対負けないための『戦闘準備編』

capture 2-1
2年×80%＝株バイバイ！　の実現

　株式市場には「機関投資家」「個人投資家」という２つのグループがたえず同時に存在していて、そこでは資金力や経験年数の差など何も考慮されません。

　豊富な情報量、長年培ってきた戦略や戦術、圧倒的な資金…

　機関投資家は文字通り「投資のプロ集団」です。

　そんなプロだらけの集団に対して、竹竿一本片手に携えて勝負を挑まなければいけないのが個人投資家である以上、結果として市場では「機関投資家＝勝ち組」「個人投資家＝負け組」という構図が出来上がってしまいます。

　あたかも「個人投資家＝養分」として株式市場は存在しているようですが、これは本当に避けられない宿命なのでしょうか？

　「個人投資家のうち85％以上は負け組で、株式投資をはじめて２年以内に相場から離れる人の割合は80％」という数字があります。その意味において「個人投資家＝養分」であることに疑う余地はありません。

次から次へと生まれてきては、すぐに強い機関投資家に捕食されて土に還る… さながら「避けられないサバンナの掟」のようです。

　たしかに弱肉強食の世界ではありますが、ここはサバンナではありません。株式投資の世界には常に「ルール」と「法則」が存在するのです。

　「負けないルール」「負けない法則」に気付くことさえできれば、資金力や十分な経験を持たない個人投資家でもきちんと生き残れる世界なのです。

　証拠があります。
　自分の主宰する株式投資サークル「JumpingPoint!!」は、

未経験で財力もない学生たちに1年間講義を行い、その後に学生たちが実際にトレードを開始する流れで毎年開講していますが、「8期連続年利100％以上」という結果を残せています。

「どうせただのデタラメだ！」

「たった1年で何ができるんだ？」

そんな声が聞こえてきそうですが、自分たちには当然勝てる理由があるのです。

簡単に言ってしまえば「機関投資家の思考法を分析し、それに近づくことができれば決して負けない」ということです。
サークル創設以来、自分が学生に教えてきたことはただその1点だけです。

ルールを的確に分析して、その上に戦略を立て戦術を見出す… 常に「機関投資家の立場から考える」のです。

capture 2-2
「セロサムゲーム」の意味って？

　左も右もわからないヨチヨチ歩きの子どもであっても、勝ち残らなければ養分にされてしまう世界、それが株式市場の現実です。

　なぜそんな残酷なのか？
　それは、株だけでなく投資の世界全体の根底が「ゼロサムゲーム」であるからです。

　「ゼロサム（sum=0）」というのは、文字通り「勝ち負けの合計が常にゼロになる」という意味です。
　「景気が良ければ投資家は勝てる」という考え方は単なる幻想に過ぎません。
　どんな状況下でも必ず勝者と敗者が生まれるのです。

　少し考えれば当たり前なのですが、株は市場原理で価格が決定します。「買い手と売り手の意志が一致してはじめて取引が成立する」性質上、誰かが利益を得ている時に裏で誰かが必ず損を被っているのです。

　その結果として、「勝ち組」である機関投資家はどんどん資金力と経験値を増していくことで市場での影響力を伸ばしていくのに対して、「負け組」である個人投資家は満足いく経験

もできないままに市場から追い出されてしまい2年以内にその大部分が入れ替わってしまう現状が生まれています。

　ここで一番まずいのが「俺が機関投資家を倒してやる」という間違った正義感です。

　即死確定フラグです。

　「機関投資家は負けないから機関投資家」という事実を思い出してください。

　一見不条理かもしれませんが、物事の根底の定義は絶対に覆せません。

　むしろ「当たり前の常識」として受け止めることがスタートラインなのです。

capture 2-3

プロと戦いますか？
赤ん坊を殴りますか?

ここではじめて戦い方の基本が見えてきたはずです。

「倒せない相手は無視して、勝てる相手にだけ勝てば良い」
のですから、当然、自分の向かうターゲットは「自分より弱
い個人投資家」になります。

弱さの基準は一概ではありませんが、資金量にしても経験
値にしても、何らかの要素で自分より弱い個人投資家は探せ
ば必ず見つかるはずです。

Ｑ：あなたは誰と闘いますか？
ヒョードル　ヒョードル　ヒョードル　ヒョードル 赤ん坊　ヒョードル　ヒョードル　赤ん坊　ヒョードル　ヒョードル　赤ん坊　ヒョードル　ヒョードル　ヒョードル　赤ん坊　ヒョードル　ヒョードル　ヒョードル　赤ん坊　ヒョードル ヒョードル　赤ん坊　ヒョードル 　赤ん坊　ヒョードル　ヒョードル　ヒョードル ヒョードル　赤ん坊　ヒョードル　ヒョードル

仮に、ヒョードルが強い格闘家だと知らなかったとしても、赤ん坊が弱いことは明確なので、ここでの選択は「赤ん坊を完膚なきまでに殴り倒す」が正解になります。…　文章として見ると、なかなか糞人間ですね（笑）

　リングの上に強者と弱者が必ず同時に立っているのですから、そんな場面で容赦して相手を選んでいる余裕などありません。これがあなたが株で勝つ唯一の方法なのです。

　これを無意識にできているのが機関投資家の強みなのです。

　はたして、この「当たり前の戦略」にどれだけの個人投資家が気付いているのでしょう？

　自分が今回の執筆にあたってたくさんの株の参考書を読んで最初に感じたのが、「兵法は教えているけど、戦う相手を教えていない」ということでした。

　相手が違えば当然戦略も変わってきます。
　それなのに、相手の姿を十分確認もせずに戦って勝てるわけなどありません。

　そもそも「一般論の戦略」は「食うか、食われるか」という緊急の戦場で通用しないのです。

　逆に言えば、最初から自分が戦う相手を決めておき、その

癖や思考を読み解く準備さえ整えておけば、その相手をうち負かすこと自体は至極簡単なのです。

機関投資家と個人投資家の勝率の違いは、この戦略の違いによるところも大きいのです。

◎相手を決めて戦い方を絞って挑む機関投資家

◎相手も決めずに一般論で戦う個人投資家

どっちが勝つかなんて、戦う前から既に決まっているのです。

capture 2-4
常に勝つから機関投資家!

　自分の交友関係には、いわゆる「機関投資家」の仲間もたくさんいます。

　彼らはもちろん守秘義務やコンプライアンスの関係で個別銘柄の取引状況を教えてくれることはありませんが、機関投資家同士で戦略や戦術の情報交換をすることはよくあります。

　その中で自分が興味深いと感じたこと。

　それは、彼らが所属するグループがどこであるかに関係なく、ほぼ共通で「機関投資家のタマゴ」として新人教育期間に教えられている「トレードの鉄則」があるのです。

　「自分が勝たなくても良いから、個人投資家を負けさせることだけを考えろ‼」

　彼らはよく「金をテーブルの上に載せる」という表現を使います。これは、まさに「ゼロサムゲーム」の根底を端的に示した言葉です。

　株の専門用語で「篩い落とし」と呼ばれる考え方がそれに

当たります。

「個人投資家は潤沢な資金を持っていないので一定以上の損失が膨らむと損切り判断をして自らその戦場から立ち去ります。そうすると、逃げた個人が被った損害分その銘柄（テーブル上）には"誰が獲得するかはわからないけれども誰かが獲得できる資金"が載せられたことになる」という意味です。

もちろんその投げ捨てられた資金をすぐに自分が回収できれば理想なのですが、仮にそれができずに他人の手に渡ったとしても将来的に同じ銘柄でまた篩い落としを起こせば、チャンスは何度でも訪れるのだから気にしないというのです。

"「勝ち組」は必ず「勝つべくして勝っている」"

これを最初に聞いた時は、そりゃもう目からウロコでした。

capture 2-5
「弱い個人投資家」の癖はバレバレ！

　「自分より弱い個人投資家を苛めれば良いのが理解できたとしても、株の取引に名前が書かれているわけではないのに、どうして特定の相手と戦うことができるの？」… そんなことをあなたは感じたのではないでしょうか？

　けれども機関投資家の目からすると、いま株を売買したのが「弱い個人投資家かどうか」を見極めることなんで朝飯前なのです。それくらい「弱い個人投資家の癖はわかりやすい」のです。

　さて、あなたに質問です。
　「弱い人間ってどんな人間ですか…？」

　肉弾戦の喧嘩では、「もう許してください」と頭を下げた瞬間に負けが確定します。最初は相手をやっつけるつもりで意気込んでいた筈なのに、勝てないとわかった途端に心が折れて自ら白旗を上げてしまうのです。

　けれども、何度殴られても立ち上がり続けたらどうでしょう。「いい加減諦めろ」とさらに殴られ続けて時には死んでしまう可能性も否定できません。

けれども、仮に自分が殺されたとしても、そのことで相手も罪に問われて牢屋送りにされることで人生を棒に振るのですから、Win-Win ではないにしろ Lose-Lose の引き分けに持ち込むことは可能なのです。おー怖っ（笑）

「自分が負けても誰かを道連れにできれば、いずれ勝てるチャンスが来る」… そう、この考え方こそが機関投資家の「テーブルの上」の骨格の部分なのです。

ただおめおめと負けたまま引き下がらない点が、機関投資家の強さの正体です。これは「覚悟」の問題でもあります。
「自分の信念と心中」するわけですから、もはや漫画「カイジ」の世界観ですね。

この考え方を機関投資家は躊躇なく繰り出すのに対して、弱い個人投資家はほとんどの場合尻尾を巻いて逃げ出してしまうのですが、自ら戦いを放棄してしまうこの行為こそが「弱い投資家が弱い理由」ではないでしょうか。

もちろん心の問題だけではありません。

「心はまだ折れていないのに実弾が足りない。」要するに資金不足で強制退場させられる場合もあるのです。

どちらにせよ、「弱い投資家はすぐ損切りする」のは最大の特徴です。

このように、機関投資家はあの手この手で「弱そうな個人投資家」を見つけ出しては焼き殺しにかかります。非常に苦しいですが、この事実から決して目を背けてはならないのです。

　要するに、あきらめない限り負けない勝負が株の世界なのです。

□あなたの株経験は何年ですか？
①未経験　②１年未満　③３年未満　④５年未満 ⑤５年以上
□株の知識は主に何から得ましたか？（複数回答）
①学習本や参考書　②ＷＥＢサイト　③学習アプリ ④動画教材　⑤スクールやセミナー
□これまで株に関する学習本（雑誌以外）を何冊くらい読みましたか？
①０冊　②１〜５冊　③６〜１０冊　④１１冊以上
□それはどんなジャンルの学習本でしたか？（複数回答）
①テクニカル基礎　②テクニカル応用 ③ファンダメンタル基礎　④ファンダメンタル応用 ⑤板関連　⑥練習帳・問題集

□トレードの際に意識するサイン（テクニカル指標など）は何ですか？

①ローソク足　②移動平均線　③支持線抵抗線

④トレンドライン　⑤坂田五法　⑥出来高

⑦信用買残売残　⑧ボリンジャーバンド　⑨一目均衡表

⑩MACD　⑪ストキャスティクス　⑫RCI

⑬騰落レシオ　⑭フィボナッチ　⑮モメンタム

⑯その他（　　　　　　　　）

□トレードの際に意識するファンダメンタルは何ですか？

①PER・PBR　②EPS　③ROE

□初期投資はいくらから始めましたか？

①50万円未満　②51万〜100万円

③101〜300万円　④301〜500万円

⑤501〜1,000万円　⑥1,000万以上

□現在の投資額はいくらですか？

①50万円未満　②51万〜100万円

③101〜300万円　④301〜500万円

⑤501〜1,000万円　⑥1,000万円以上

□ここ1年でどれくらい株で利益／損益を出しましたか？

①−20％以上　②−19％〜−6％　③−5％〜0％

④0％〜＋5％　⑤＋6％〜＋19％　⑥＋20％以上

学生以外にいろんな企業で投資の講演をさせてもらう機会もあるのですが、毎回参加者にアンケートをとってみて、その時に気づいたことことが1つあります。

　なんと、負ける人ほど勉強熱心で、本をたくさん読んでいる傾向にあるのです!!

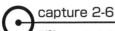

capture 2-6
勝つのは大変、でも負けないだけならなんとかなる

　ここまで「勝てない」「勝てない」「勝てない」と必要以上に脅したててきたせいで、もしかすると皆さんには「機関投資家への拒否反応」が出始めてしまっていないでしょうか？でもそれは良いことです。

　地震・雷・火事・温暖化…　その次の次。
　実際それくらい機関投資家は怖い存在なのです。

　正面からまともにぶつかって勝てる相手ではないので、もし戦わずに済むならそのままやり過ごしたい存在です。

　「そんなにうまくいくもんか‼」
　いえいえ、うまくいくんです。
　機関投資家を避けて通る道はちゃんとあるのです。
　正式には、機関投資家よりさらに性質の悪い「機関投資家まがい」の「仕手師」を避ける方法は間違いなく存在します。

　機関投資家と仕手師の行動パターンは基本的に似ています。
　それを正式な「業として」行っているか、そうでないか程度の違いでしかありません。どちらも「個人投資家」の養分を吸って生きている「永遠の天敵」なのです。

「本当に避けて通れるの？」
「いやいや好んでわざわざ天敵の前を通ってるのはアンタの方でしょ‼」
この言葉の意味、分かりますか？

実は銘柄の中には、「まず間違いなく機関投資家が主導権を握っている」というサインが見られるものが存在します。危険な機関投資家が待ち受けているサインが出ているにもかかわらず、平気な顔でその銘柄に戦いを挑んでしまう個人投資家の末路は悲惨です…。

「危険なサインって何？」それもまた、機関投資家の立場になって考えてみると狙いが見えてくるはずです。

あなたがもし駆け出しの機関投資家ならば、まずはどんな銘柄を攻めたいですか？
恐らく「ローリスクで確実に自分が主導権を持てる銘柄」を選びたいはずです。

さぁ、これで危険なサインを出している銘柄は見えましたね？
そう、答えは「平常時の出来高が少なく、取得単価が安い銘柄」は狙われやすいのです。

考えてみれば至極当然ですが、ある銘柄を自分が制圧したいと考えたら、その際の必要なコストは
【出来高】×【取得単価】　という計算式が成立します。

たとえば常時 10 万株の出来高で株価 100 円の A 株と、常時 50 万株の出来高で株価 1,000 円の B 株があったとします。

A 株の主導権を握るには、1,000 万円が必要で、
B 株の主導権を握るには、最低でも 5 億円は必要になります。

機関投資家の基本戦術は、「自分が買えるだけ買い占めて、以降の個人の買い意欲を一切なくしてしまえば勝ち」というものです。

要するに、「安く制圧できる銘柄は一番危険」なのです!!

それなのに、雑誌に勧められたり、ただテクニカルだけで判断して、最初から負ける戦地に自ら志願して向かってしまった経験はありませんか?

また、「機関投資家に狙われやすいサイン」はもう 1 つ存在します。
あまり聞きなれないかもしれませんが、それは「信用買残」という指標です。

見方や使い方が少し難しいせいで、あまり「株の参考書」に掲載されることはありませんが、この指標の示す対象は非常にシンプルです。
「信用買残が増える＝貧乏な個人投資家が沢山寄ってきている」と理解されるのです。

第2章・絶対負けないための『戦闘準備編』

53

そもそも、個人投資家はなぜ信用買いをするのですか？

そう、彼らは現物で買うだけの十分な予算が無いから信用買いを行わなければならないわけで、さらには信用買いを欲張る個人投資家は必ず信用取引のボラティリティに溺れて簡単に市場から退場させられる可能性が高いのです。

結果、そのような余力の無い個人投資家が群がっているのを見付けると、その銘柄にはどこからともなく性質の悪い機関投資家がやってきて、退場に追い込むまでの意地悪を仕掛けるようになるのです。

今回沢山の株の参考書を読ませてもらって気付いたことは、どの本もこの本も同じようなテクニカルの扱い方を教えるだけで、このような「個人投資家」と「機関投資家」の関係などの「リアルで生々しい株の姿」を教えていないということです。

皆さんがトレードする際には、せめてこのあたりに最低限の注意を払うことで、余計な機関投資家リスクを減らして安全なトレードに臨んでもらえれば幸いです。

第3章

本気で勝つための『戦略編』

capture 3-1
なぜ？ 株Tubeで無料情報配信

　「本当に儲かる情報なら誰にも教えるはずがない」… そんな声が「株Tube」のコメント欄に書き込まれることがあります。
　そんな声を聴くたびに正直淋しい気もしますが、その警戒心を否定する気はありません。

　「うまい話には毒がある」それが世知辛い世の常かもしれませんが、「自分がなぜ株Tubeで無料で情報発信をしているか」をお話しさせていただきます。

　正直、「株Tube」で情報発信すること自体、「自分の保有中の銘柄の価格誘導につながる発言をすると証券取引法（株価誘導）に抵触してしまう恐れがある」ため、法的ラインに引っかからないよう配信内容に気を配らなければならず、そのリスク管理に余計な手間がかかってしまいます。

　具体的には、毎週土曜日昼間に「株Tube ～来週の注目銘柄TOP6」「株チューブEXTRA ～来週の注目銘柄PLUS12」という翌日曜日公開用のレギュラー放送を撮影しているのですが、そうなると撮影を行う土曜日時点で当該銘柄を自分自身が保有しているわけにはいきません。

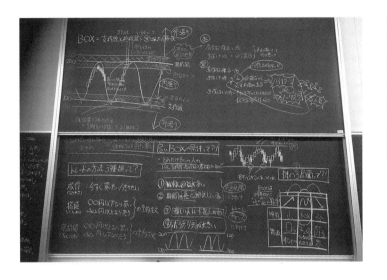

　せっかく翌週月曜日の寄付に大きく上がる可能性の高い銘柄であっても、その銘柄を「注目銘柄」として自分が推奨したいと考えるならば、前日金曜日までに処分して「持ち玉0」の状態にしておかなければなりません。当然「塩漬け」状態の銘柄も紹介できません。

　そのことを証明するために、自分たちのチャンネルでは、コンテンツ撮影時に必ず背景の黒板に撮影日を記載しておき、万一疑義をかけられた際にも「持ち玉0」を証明できる体制を築いています。

　ここで、自分たちの目的が「保有中の銘柄の紹介を通じて、自分の都合の良い価格誘導をして利益につなげることではない」点を理解してもらえるはずです。逆に言うと、自分たちが本放送を始めた後に、同様の銘柄予測コンテンツを放送す

るサイトが後発で出てきましたが、完全に「黒寄りのグレー」な内容（明らかな本人が保有しているであろう仕手銘柄の推奨）が多く含まれていましたので注意していただければ良いでしょう。

　本題に戻り、なぜそんな分が悪い放送を毎週続けているのか？　その理由は2つあって、1つ目は「自分は他に儲ける銘柄をすでに確保しているから」というものです。

　本放送の中では毎週「今週の銘柄100」という自分が構成した「トレード候補銘柄リスト」を100銘柄分公開しています。けれども、実はこの「銘柄100」以外に自分が主戦場としている別の銘柄群があるのです。

　「銘柄100」の選定基準は、「仕手性が低い」「出来高が高く流動性がある」「話題性と将来性がある」「ボラティリティ的に優れている」という条件を満たしたもので、その週その週の実際のトレードの中で自分が毎日手作業で入れ替えて提供しています。実際、自分のサークルの現役世代はこの銘柄のみしかトレードさせていませんが、これだけで「年利100％」という条件は毎年クリアし続けており、中には年利1000％を大きく超えるチームも多数輩出できています。

　要するに「一定レベルの個人投資家のルール内で利益を上げやすい」銘柄群です。けれども、実際にはここには載せられない別の銘柄群があり、それは「仕手株」または「仕手性銘柄」と呼ばれています。

58

capture 3-2

仕手株を恐れるな!

　よく「仕手株には手を出すな」と初心者向けの株の参考書には書かれていますが、その「具体的な見分け方や定義・銘柄名」などに関しての記載はほとんどなされていません。

　それどころか、「著者が注目する銘柄」などと煽り文句をつけて仕手株を大々的に推奨している本も多数存在しています。

　一方で危険をあおっておきながら、同じ本の中でそのような銘柄を推奨する…　そんな無責任極まりない本が数多存在しているのが実情です。

　但し少しフォローしておきますと、現在のインターネット主流・SNS情報主流の取引環境下では「仕手株」と「チャンス株」の間に決定的な差は発見しづらく、それだけ素人目線では容易に見極めづらい時代になっているのも事実です。

　それくらい「仕手株とチャンス株は紙一重」なのです!

　自分たちはこの「仕手化した銘柄」を攻めることで効率的に継続的に利益を上げるのを得意としています。常時そのような仕手性の銘柄が上場企業の中には多く含まれていて、そこでは文字通り"資金力"VS「資金力」の壮絶なる"肉弾戦"が行われています。

この大口同士の癖を見抜き、時として割って入ることで利益を得られるのですが、はっきり言って、そこに個人投資家が迷い込んで勝てる公算は極めて低いでしょう。

そこでは"「意地」VS「意地」""「AI」VS「AI」"レベルでの戦いが繰り広げられていて、たとえどれだけ知識や経験があっても、財力の差で篩い落とされてしまうのが関の山です。

当然ながら、自分たちもこれらの銘柄に対しては「仕手株に対して特別な結果を残してきた専門のチームを設け、AIによる自動売買の上に経験で培った技術を上乗せして完璧に勝てる体制を敷いて挑んでいるので勝率が高いです。それでもどこまでやっても負ける可能性がある厳しい戦場です。

鉄砲を持たずに戦地に挑むことを「無鉄砲」と呼びます。
そのような戦地に「無鉄砲」に挑んで、本当にあなたは勝つ自信がありますか？

したがって、そのような銘柄を自分が「銘柄100」として紹介することはありません。仮に仕手性のある銘柄であっても、あるタイミングに一時的に仕手筋の玉が解けたチャンスのタイミングを見つけた場合にのみしか紹介しないよう最大の注意を払っています。

このように、何もわざわざ視聴者の方々を罠に貶めなくても十分な利益を上げられていますので、自己保身と利益確定

を狙いとした他のどのサイトよりも的確に「みなさんが稼げるエンターテインメントコンテンツ」を目指すことができるのです。

　2つ目の理由としては、出来高が高い銘柄は、その銘柄の1日（もしくは複数日に跨ぐ1回）の取引で狙える利益の総量が圧倒的に多いことに起因します。

　決定的な違いがあるとしたら、「その銘柄が悪質な大口個人投資家の支配下にあるかどうか」だけなのです！

　ここでの「悪質な」という言葉は、何も「反社会的勢力が絡んでいるか」どうかという意味ではありません。むしろ最近では「少し金持ちの投資顧問が先導する銘柄の方が危ない」というのが個人的な見解です。

　「君子危うきに近寄らず」とはいいますが、「どのような銘柄が狙われやすいか」を知っておくことは、みなさんが取引を行う上でも「安全性の指標として利用できる」のでまとめておきましょう。

capture 3-3
500人の卒業生から見る
「勝ち組」「負け組」

　これまで「株式投資サークル JumpingPoint!!」で 10 年以上講師を務めてきて、たくさんの卒業生を送り出してきたわけですが、年月を重ねてデータが集まってくることで、気づいたことが 1 つあります。

　あまり知られていないけれども、「株に向いている人」「向いてない人」という個体差は本当にある感じるのです。

　実際、講義で教える内容は毎年そのタイミングに合わせたものに少しずつ変化させていきますが、その内容の変化に関係なく「たくさん勝てるグループ」と「少ししか勝てないグループ」の差が生まれてきてしまいます。

　大概の場合、その差は株と一見無関係な普段の行動から見て取れるもので、自分の場合も新入生がサークルに入会してきて夏休みまでの間に「こいつはガッツリ稼ぐだろうな！」「彼は残念だけど勝つのが下手そうだな…」などと大体予想できるようになっていて、その予想は殆んどハズれないのです。

　ここでは、その「株に向いている人」「向いていない人」の差を見ていきましょう。

62

【CASE 1】

・金髪や茶髪に髪を染める子

・黒髪一途な子

　大学生活では、よほど厳しい名門の体育会などに所属しない限り、高校までの雁字搦めの校則から解放され、自由気まま好き勝手な格好をすることができます。そんな中で、真っ先に髪の毛の色やスタイルをいじりたくなるのは世の常でしょう。

　特に1年生の夏休み明け、学園祭シーズンには百花繚乱、見ているだけでも楽しい明るいムードの髪色・髪型が広がります。

　もちろんここでいう髪染めは1年中その色にしている必要はありません。ファッションやイベントにあわせて時期ごとにスタイルを変えるという意味です。

　実はこの髪染めと株で儲けるうまさは密接に関係しています。少なくとも過去10年見てきた中でどれくらいの差があるかというと、「金髪が黒髪の2倍以上の利益を常時上げていて、金髪が黒髪の4倍以上独立・専業トレーダー」になっています。

金髪歴 30 年以上の自分が言うのもなんですが、金髪はト
レーダに向いています。もし自分のお子さんがある日突然髪
の毛をド派手に染め出したら褒めてあげてください（笑）
　なぜそんな差が生まれるのか？
　それは「変化への順応性」ではないでしょうか。

　株がうまい人は総じて「変化を恐れない」特徴を持ってい
ます。むしろ「変化に身を任せるのがうまい」のです。

　髪の毛の色や髪型を変えることは、いわば「取り返しのつ
かないこと」の部類です。
　冒険して流行のスタイルに挑戦して、それが一回失敗する
と、下手すると数ヶ月似合わないスタイルで残念な思いをし
なければならないかもしれません。

　実は、これって株を買う時の判断とよく似ていませんか？

　株を買うというのは一瞬の判断の結果がその後まで長期に
渡ってついて来ます。
　当然失敗したら何ヶ月も塩漬け、買った次の日に追証を連
れて来るかもしれません。
　いまその決済ボタンを押した瞬間に何十万円の買い物をす
るのと同じなのです。
　常に「冒険と隣り合わせ」なのが株の本質なのです。

　要するに、頻繁に新しい髪形や髪色に変えてチャレンジす

る心の持ち主は、「機に殉ずる」覚悟ができている。

　言い換えれば、行動の前に心の準備が自然とできているという意味なのです。

　たとえば、みんなで遊びに行った合宿先で、その場のノリで「記念に全員金髪にしよう」と盛り上がったとしましょう。サッカーやマリン系の夏合宿とかで100％発生する定型イベントですね（笑）

　そんなときに「バイトで禁止やから辞めとくわ」「親に怒られるから無理」とか言ってしまう子は、厳しいようですが、その時点で株に向いていない可能性が高いです。

　なぜなら、まず「行動のその先の選択肢を自分で創造できていないない」のです。

　「髪を染めても、後で家に帰るまでに染め直せばいい」と

いう簡単な選択肢を発見できていない、もしくはその選択肢を「面倒くさい」と最初から拒否してしまっています。

　株で上手に稼ぐということは「株を買った後の行動の選択肢と対応策を事前にどれだけ想定しておけるか」が全てです。それを最初から考えない段階で正直素質がありません。

　さらに「みんなで盛り上がっているその場のノリを壊す」ということは、将来的にその仲間との思い出を１つ失うだけでなく、「ノリの悪いヤツ」として一生その仲間たちと本気で分かり合えるチャンスを失くしてしまっているかもしれないのです。

　これは、株を行うときに非常に重要な「リスクリワード」的な考えが圧倒的に欠如していることを意味します。
　「今たった一瞬自分が冒険することで得られる利益」と「失う損益」を考えて、それらを十分に比較できれば、「郷に入っては郷に従え」の選択肢をとれているはずなのです。

【CASE 2】

- ・バイトの日給が高い子

- ・バイトの日給が安い子

JumpingPoint!! では、活動を早稲田大学・東京大学・慶應義塾大学などで行っている関係もあって、所属する大学生は一人暮らし・自宅生ともに（特に文系の場合ほぼ全員が）入会時点でアルバイトをしています。

もちろん自分のサークルで株の実践を始めてほどなく株の利益でバイトをしなくても稼げるようになるので問題ないようにも思えるのですが、実はそんな問題ではありません。

一見無関係に見えて、このバイト選びと株で儲けるうまさも深く関係しています。

「高日給バイト従事者が低日給の2倍以上の利益を常時上げていて、高日給バイト従事者が低日給の4倍以上独立・専業トレーダー」になります。

アルバイトの数は、都心部の場合は探せば何千何万と存在します。当然同じ業種の中でも、場所や勤務形態などで時給の高い安いがあります。

また塾講師の場合は「コマ単価制」などで一見すると「90分1コマ3,000円」と書かれると時給が高く見えながら、休憩時間に給料がつかず自宅での予習時間も必要なせいで「実質時給1,000円以下」といったケースまであります。

さらには交通費の支給の有無、夜間手当・残業手当が恒常的につく場合にはそれだけ日給に加算されるわけですし、賄い飯やコンビニの廃棄持ち帰りが可能で食費が浮かせられる

場合なども、その分も実質的なプラス要因です。

　同じ時給でもインセンティブがもらえる業種や会社があったり、派遣業者を通すことで単価が上がるケース、有償インターンで将来行きたい業界への現場知識の取得につながる場合などもあるでしょう。

　これらの選択肢の中から「自分が最も行きたいアルバイト」を探せば良いのですが、実際はそれを「だいたい 80 点だから OK」という基準で、何らかの妥協をして半ば適当に自分を納得させて決めてしまう人が多いのが現状で、そのような人はトレードでも同じような「選択の甘さ」を露呈しがちです。

　それに対して「日給にがめつい人」は、「事前の選択に最大の労力を割くことが最も将来的に効率的な時間の使い方だと知っている」のです。
　時給 1,000 円、日給 7,000 円、交通費なしのバイトがあったとします。

　それに対して、いまアルバイトを選ぶのに 10 日間余計に使ったとしても、もし基本時給が 200 円高くて深夜手当が付き、交通費が 500 円もらえる同じバイトを見つけたとします。

　この場合の日給は…
1,200 × 1.25（深夜手当）× 7 時間 ＋ 500 ＝ 11,000 円となり、前者のバイトより将来的に見たときに遥かに効率的な稼ぎ

方を意味するでしょう。

トレードに関してもこの考え方はとにかく重要で、JumpingPoint!! では「前日の銘柄分析の準備に掛けた時間が、勝率と勝ち金額に比例する」と教えています。

最終的に働くバイトは1つに絞るので、一見その余計な選択肢を熟考する時間は無駄になったように思われますが、それを取捨選択する工程の中で、どれだけいろんな場合分けを想定しておけたかがトレード当日の瞬間的な判断の1秒の差につながるのです。

【CASE 3】

・チャラチャラ＆飲み会系イベントサークルとかけもち

・学術系の真面目な学生団体とかけもち

JumpingPoint!! のメンバーは、他のサークルと掛け持ちしているケースが多いのですが、その株の儲け方に大きな差が出るのがこの分野です。

「イベサー系の人間はほとんどがサークル内でのトップ成績になるのに対して、学生団体系はほとんどがサークル内での最低成績に沈む」傾向があります。

一見すると「チャラチャラ＝頭が悪そう」と思われがちですが、「お金脳」という観点で見ると、チャラチャラしているイベントサークルの面々は非常に優秀です。

　「イベントサークルVS学生団体」という構図はよく現れ、その都度お互いに相手側を「イベサーはチャラいだけで頭悪いVS学生団体は陰キャ（※陰キャラ＝「地味で暗い」の意味）の集まりで使えない」とディスりあう関係なのですが、株の上手さに関しては比較する余地も無いほど、イベントサークルの圧勝です。

　その理由は「お金に対する責任感」の違いです。

　イベントサークルというのは、簡単に言うと「会場を借りて集客をしてパーティを開いて利益を出す」集団なのですが、このパーティイベントというのは一度主催すればわかるのですが、最初から最後までストレスの連続です。

　なぜなら、たえず「失敗したら自腹」というリスクを、サークル代表だけでなくメンバー全体が背負っている「ノルマ社会」だからです。

　たとえば一般メンバーは1枚3,000円のチケットを10枚捌くのがノルマだとします。
　勇気を持って誰か友達に声を掛けて誘うことができなければ30,000円の損失です。

損失だけでなくサークルの中での評価も大きく下がってしまうでしょう。

「3,000円は高いけど2,000円なら買うよ」と返事が戻ってきたら、今度は「じゃあ2枚4,000円でどう？」と答えながら、頭の中で今度は2,000円の赤字をどうするかを考えなければなりません。これこそトレードにおける損切りの判断と同じなのです。

代表ともなると、そのノルマの金額の桁が大きく変わります。
ハコ代（場所代）・酒代・企画代… 大きいものだと1回のイベントで数100万円規模になることもあり、その管理を一括で行わなければいけないのです。
その仕事ぶりは、さながら「社長」。
イベントサークルの代表は学生社会における「お金と人持ちの達人」なのです。

それに対して、学生団体は同様にイベントを作成することもあるのですが、お金や集客は二の次です。「良い企画を行えばきっと人が来る。良い企画を行えばきっと協賛が集まる。」という考え方がベースに存在します。

結果として、思い通りにならず惨憺たる状況になることもしばしば。でも決してそこで反省はしません。「俺も悪かったけど、みんなが悪かった」「仕方ない」などと話を片付けてしまいがちです。

このように、お金に対してシビアな感覚を持っておらず、自分で責任をとりたくないと考え、挙句「リスクを負うのが嫌だからリスクを犯さないようにしよう」という"保守的な「ケチ」"に収束してしまう傾向が強いのです。

当然、この考え方はこれまで指摘してきた「カモ」そのものです。

【CASE 4】

> ・ガチガチの体育会系

> ・ガチガチの文化系

自分のサークルには、どういうわけか高校時代のスーパーアスリート達がよく現れます。

「高校サッカー選手権出場」「高校バスケウインターカップ出場」「高校アメフト甲子園ボウル出場」「高校野球甲子園出場」などなど…

ここはフツーの文化系サークルなんですが、なにか？（笑）

先に結果を言ってしまえば、意外かもしれませんが、「ガチガチの体育会系」のトレード結果は他のどんなケースよりも優れていて目を見張るほど優秀なケースが殆んどです。

「株Tube」メンバーの「たいせい」も、高校時代に中京大中京高校で甲子園の土を踏んでいて、大学に入ってからトレードを始めたにもかかわらず、『五反田マネーウォーズ』番組内でも紹介されていた通り、1年間で元本を16倍、8,000万円を手にしています。

なぜ、アスリートは株で結果を収められるのでしょうか？
それは「理不尽に屈しないメンタル」という1点に尽きます。
ガチガチの体育会系というと、「脳ミソが筋肉」と言われてしまいがちですが、そのメンタルの強さは全てを凌駕して余りあるのです。

それくらい株の世界は理不尽の連続です。
思った通りにいかないことなんて当たり前。

支持線抵抗線を信じて何度もだましに遭い、好決算に飛び乗れば既に織り込み済みでストップ安…　むしろ思い通りにいかず振り回され続けるのが株の醍醐味とさえ感じます。

そんな「納得がいかない」ことに「納得がいかない」と言い続けていたら、ストレスで精神的に正常な状態が保てるはずがありません。
当然、言い続けることで状況が改善することなどあり得ないので、ストレスがさらに次のストレスの引き金になるだけです。

その点において、スポーツの名門校で全国に出場したメンバーは、「ルール」「上下関係」「連帯責任」など、必ず無数の理不尽を受けて育ってきています。

　入部段階で坊主決定、寮に入れば先輩のお世話、出てない試合で負けの責任。みんな共通で言うのは「もう二度と同じ部活はやりたくない！」

　そんな環境の良し悪しはどうあれ、これほど強い「株の素質」を磨き上げられた人材はほかに居ないのです。

　これはスポーツでとがった才能を花開かせたメンバーに限ったことではありません。

　実は10年サークルを続けている中で、有名アイドル事務所のユニット（Jr.）のメンバーが所属していたこともあったのですが、彼の株の才能も、間違いなく「10年に1人の逸材」でした。結果的に彼は留学で海外に行ってしまいましたが、もし株を続けていたら「たいせい」以上の最強トレーダーになっていた筈です。

　「才能持ってるヤツは何でもできる」
　そんな台詞を悪意を持って言う人もいますが、才能が生まれる背景には「何が何でもやってやる！」という常人離れの意地と精神力が必要なのです。

74

このように見て来て「自分は株に向いていないんだな」と感じた人も居るかもしれませんが、実は全然気にする必要はありません。

　ここで見てきた幾つかのプロトタイプはあくまでプロトタイプ。それぞれの面で自分より弱い人間は必ずいるはずです。

「まず弱いものを探せ！」
　株を勝つためのその鉄則を覚えていさえすれば十分太刀打ちできるのです。

　寂しいけどそれもまた株の楽しみ方なのです（笑）

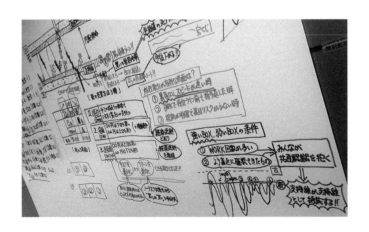

capture 3-4

「五反田マネーウォーズ」の 快進撃を期に

2018年10月にテレビ東京系全国ネットで『経済異種格闘技！五反田マネーウォーズ』という番組が放送されました。

内容としては、20代の若者4人が「株」「競馬」「せどり」「タイムチケット」という各々が有する自分のスキルを活かして、与えられた資本金を元手に1週間でどれだけ増やせるかを競う番組。

4人で行う予選は元手が10万円スタート、勝ち残った上位2名による決勝は元手が100万円スタートで競うというもので、JumpingPoint!! は「株式投資」代表として9期生のたいせいがサークル代表として出演しました。

結果から言うと、

予選：100,000円 → 184,000円（週利益84%）

決勝：1,000,000円 → 1,810,000円（週利益81%）

2週連続「週利益80％超え」を達成して堂々の優勝!!

合計２週間にわたって毎日、朝８時半の寄付前の準備段階から午後３時の引けまで全トレードを密着して頂きましたが、そのプロデューサーさんにも「今度このトレード個人的に教えてよ！」と最高の褒め言葉を。

　さらには、一般には考えられないハイレベルな利益率を記録し、放送ではコメンテーターのキャイーン天野さんや経済評論家の門倉貴史さん、杉原杏璃さんにも、そのトレードぶりを「天才すぎる！」と絶賛して頂けました。

　株式投資の手口をやらせなしで完全公開する企画自体非常に珍しく、放送された瞬間の反響は物凄く、Twitter のトレンドに「五反田マネーウォーズ」という番組名がランクインするまでの勢いでした。

　これは単なる自慢ではありません。

　この優勝から JumpingPoint!! のトレードのポイントが１つ見えてきませんか？
　そうです、いつでも結果を残せる「高い再現性」です。

　実際撮影タイミングに恵まれたことも否定できません。
　この番組撮影を行ったのは 2018 年９月で、まだ翌 10 月からの個人投資家の約半数が退場させられたという未曾有の下げの場面を迎える前の比較的安定期だったので無理なくトレードに集中できました。

とはいえ、さすがに週利益80％超え連発というのはなかなか簡単にはできません。

けれどもそれを可能とさせているのが、「パターンの再現性へのこだわり」なのです。

人間は少しでも多くのものを得ることで満足感を得るようにできていますが、満足感で飯を食べることはできません。

それなのに、テクニカル手法の参考書を開いてみると、あれやこれやオーバースペックになり過ぎたものを大量に見かけます。

一目均衡表？　ストキャスティクス？　MACD？…　何ソレ美味しいの？（笑）

お得感に騙される暇があったら反復練習あるのみ。それが自分の考え方です。

余計な手法は最小限に絞って、その代わりにその精度を徹底的に磨き上げます。

それが優勝という結果で証明できたのは本当にうれしい出来事でした。

「支持線抵抗線」「トレンドライン」「出来高」「信用買残売残」自分が学生に教えるベースはほぼこれだけです。

安心してください！

たいせいも、基本はこれだけで週利益80％で優勝しました‼

これだけで1年間で8,000万円稼ぎました‼‼

これこそが「参考書が教えてくれないリアル」なのです。

　参考書の目的は「どれだけ読者を"やった気"にさせるか」です。
　そのために読者が喜びそうな「勉強の種」を色々と紹介してくれます。
　けれども本当にそれって必要ですか？その方法でやってみて勝てましたか？

「基本を反復」「継続は力なり」
　言葉の意味は分かっていても実行するのは難しいものです。
　新しいものに飛びつきたくなるのをぐっと我慢してみてください。

　株のトレードは入学試験ではありません。
　内申書に響いたりしないので、まずは「"勉強のための勉強"の排除」から始めてみると、面白いくらい結果が伸びたりするものですよ。

capture 3-5

株だけで8,000万円稼いだ
天才の理由

たいせいは間違いなく「10年に1人の天才」です。
「甲子園出場という結果を残したから？」
「株で1年で8,000万円稼いだから？」… いえ、違います。

では、どの部分が天才なのか？
それは「努力の天才」なのです。

単なる学力という話なら、東大生が多く所属するJumpingPoint!!では他に凄いヤツが無限に存在するでしょう。

けれども、彼の場合は「再現できるまで延々繰り返せる継続性」と「頻出する法則を見抜いてトライ＆エラーを繰り返す意欲」が他の誰とも決定的に違いました。

講義を進めていくと、多くの人は一旦「もうわかった」と感じると、勝手に読み飛ばし的に80％の理解で次に進んでしまうんですが、彼の場合は100％になるまで「なんで？ この場合は違うの？」の疑問を毎回ぶつけてきました。

さすが甲子園まで行っただけあって、「80点じゃ地区大会、90点じゃ県大会、99点取れないと全国で通用しない」とい

うことをきっと悟っていたのでしょう。

　当然そうなると自分も根が「スパルタ体育会ヤロー」なので、時間などそっちのけでとことん最後の最後まで質問に付き合うそんな流れで1回2時間のはずの講義が気づけば5時間に延びる事もありました。

　この才能は、株の世界だけでなく社会のすべてに通用します。

　株で稼いだ資金と経験をもとに、彼は今ビジネスの世界に飛び出しました。
　ビジネス未経験ながらに1億円の投資を受けて400坪の倉庫を使っての「大起業」です。
　10人以上の社員を雇っての大きな船出の背中には未来しか感じません。

　何事でも「自己満足」の先をコンプリートまで目指せるのは最高の才能だと思います。
　そうすることで「10年に1人の天才」が「100年に1人の天才」に昇華する姿を見るのが、自分のこれからの夢です。

capture 3-6
株 Tube を徹底的に使いこなそう

　JumpingPoint!! が運営する Youtube チャンネルが
「株 Tube」です。

　昨年 10 月の開設以来、半年でチャンネル登録 6,000 突破、
この原稿入稿時点でまもなく登録 10,000 登録を目指す順調な
推移を続ける経済チャンネルです。

　自分たちがこのチャンネルを作ろうと思ったきっかけは
「毎日の自分たちの銘柄検討の精度って結構凄いよね。もしこ
れを配信してみたらどれくらい反応があるんだろう？」とい
う軽いノリでした。

　その頃、Youtube の経済チャンネルでは「負け見せ系エン
タメチャンネル」全盛で、「悲報！○○万円爆死!!」「終了報告。
含み損○○○万円」といった「負け自慢」のコンテンツばか
りが目につきました。

　たしかに人が負ける姿を見るのは不愉快ではありません。
　けれども、正直言ってどこもかしこも同じテイストの放送
ばかりなのに辟易してしまい、何か新しい事ができないか
な？　と考えた先に行き着いたのが、

「みんなで成功してみてもいいんじゃない？」ということでした。

人はどうして他人の負け姿を見て喜ぶかと言えば、その根底には「共感」があるからです。
自分も負けているのだから、お前も一緒に傷を舐め合おうぜベイベー！　なんだか、寒くないですか？

どうせなら「俺が勝つから一緒に勝とうぜオーイェー！」の方が良くない？
そんな思いとノリから生まれたROCKなコンテンツ、それが「株Tube」の起源なのです。

そこで生まれた最初のコンテンツは「来週の注目銘柄」というもので、これは自分のサークルが誇る「鉄板コンテンツ」です。

毎週日曜日に、メンバーがそれぞれ翌週狙いやすいと考える銘柄をセレクションして3銘柄ずつ、根拠とともに視聴者に披露するというコンテンツなのですが、実はこれはJumpingPoint!! では「毎日の宿題」としてメンバー全員が情報交換し合うことが「毎日の課題」なのです。

自分たちは毎日この「宿題＝銘柄検討」を続ける事で各自が経験値を積み、その「論破合戦」で翌日のトレード銘柄と方針の順位付けを行い、実戦で利益を上げています。

いわば、JumpingPoint!! のすべてがそこにぎゅぎゅっと詰まっているのです。「JumpingPoint!! の魂」ともいうべきものですね。

ですので、実はこの「来週の注目銘柄」を使うことで自分たちJumpingPoint!! の面々と同じ学習をすることも可能なのです。

具体的な上手な使い方をまとめてみると、

---

①「銘柄 100」を自分の証券サイトにコピーする
　　（同じフォーマットとなるので日興 SMBC 証券のツールが
　　オススメ）

---

②その「銘柄100」の中から自分のオススメの銘柄を
3つ選ぶ
（その時に、メンバー同様にその銘柄を選んだ根拠を文章
で記録しておく）

③解説VTR「株Tube」を視聴する

④解説VTR「株チューブEXTRA」を視聴する

⑤解説の銘柄と自分の選んだ銘柄が異なる場合は
相手を論破してみる。

　この方法で、解説メンバーより自分の意見の説得力が増して
いれば、あなたが株Tubeの新レギュラーになっている日も近
いかもしれません（笑）
　また、この精度をより上げるために、

⑤「今日の10分間株ニュース」内の「銘柄100」を
キャプチャして自分の銘柄リストを更新する
（「銘柄100」はらいおんまるが基本的に週2～3回ほどア
ナログで銘柄を変えています）

⑥その「銘柄100」の中から自分のオススメの銘柄を
3つ選ぶ
（その時に、メンバー同様にその銘柄を選んだ根拠を文章
で記録しておく）

⑦解説 VTR「株チューブ EXTRA」を視聴する

⑧解説の銘柄と自分の選んだ銘柄が異なる場合は
相手を論破してみる。

　ここで重要なのが
　「必ず自分で 3 銘柄選んで記録する」こと。

　頭の中で「あれいいな」「これいいな」ぼやっと考えてみた‥‥
だけでは全く意味ありません。
　料理の最後にひと手間かけるのと同じ。
　それをできるかどうかで「学習の質」が大きく変わることを
お忘れなく‼

　単純に見えますが「この繰り返しをどれだけ "意欲的に" 続
けられるか」次第であなたの「株力」がどれだけ鍛えられてい
くかが決まるのです。
　それは大袈裟でもなんでもありません。

　実際、JumpingPoint‼ では、どんな時期であろうと株式市場
が翌日開場される限り毎日この「銘柄検討」を欠かしません。
　テスト中であろうと、バイトがある日だろうと、旅行中であ
ろうと、勿論。

　そのため、JumpingPoint‼ では、合宿で海や山に毎シーズン
遊びに行きますが、その 1 日の基本スケジュールは、

> **「遊び → 飲み → 風呂 → 銘柄検討 → 寝る」** となります。

面倒くさっ‼ きっとそう思いましたよね。

逆に「毎日寝る前に銘柄検討をしなければ気持ち悪い…」と思い始められるようになったら、勝ち組まであと1歩。「鉄の習慣」は必ず結果を生んでくれます‼

「年利100％生活」一緒に始めてみませんか？

ちなみに「銘柄100」の選定基準はどうなっているのか？

それは、著者が「テクニカル的根拠があって」「話題性を持ち」「十分な流動性があり」「ボラティリティがある」中で、かつ「質の悪い仕手に支配されていないこと」等を基準に銘柄をセレクションしています。

その際、特に気をつけているのが「旬の銘柄かどうか」です。同じ銘柄にも「旬」と「旬でない時」が存在します。

この「旬」を理解するには、「出来高の推移」に注目する必要があります。

固定の出来高ではなく「出来高の推移」です。

> **Ⅰ期（非注目期）**
> → 誰にも注目されず株価に値動きが無い状態

> **Ⅱ期（注目初期）**
> → 上昇の初動に注目され出来高の上昇を伴い
> 　株価が上がる状態

> **Ⅲ期（過熱期）**
> → 1本当たりのローソク足が巨大化して
> 　チキンレース状態の最終局面

　ここで参考書によくある間違いが「初心者のうちは安全を追ってⅠ期〜Ⅱ期への移行を狙いましょう」
　…そんなの無理です。

　実際、ここで狙うのは「Ⅱ期〜Ⅲ期」の真っ最中の銘柄への飛び乗りです。
　「安いものを買って高く売ればいい」というのは現実味の薄い空論でしかなく、基本方針は「高く買ってもっと高く売る」方が、圧倒的に簡単でストレスも溜まりません。

　注目されずに出来高が無い地点から初動の変化をつかむことができるのは、毎日トレードのみに勤しんでいるガチ勢のトレーダーだけです。ですので、狙う銘柄の中心はⅡ期かⅢ期のいわゆる「火のついた爆弾」となるのですが、だからといって余計に警戒する必要はありません。

出来高の推移から「その銘柄が現状どの期にあるか」を事前に把握しておくことで、危険な暴落を「周囲より一瞬でも早く察知」することができれば、その「一瞬の後先」で「生死の分かれ目」を掻い潜れるようになるのです。

なので、株の参考書が「今オススメの銘柄は〇〇〇（銘柄名）」などと書いてあるのを見ると、少しドキッと感じざるを得ないのです。うっかり「旬でない」ものに手を出すと塩漬け確定ですし、爆発寸前で膨れ上がったタワーにも大きなリスクです。

その点、瞬時に最新情報をいつでもアップロードできるYoutube というプラットフォームは本当に優秀です。

日々刻々と変化する為替の動きやニュースなど、銘柄選択の精度を保つうえで見逃すことが出来ない判断要因をたえず加えつつ最新の情報を発信できるのですから無敵です。新聞や雑誌、本の出版を待っていたのでは、到底トレンドの波を捉えることはできません。「本にまとまった"チャンス銘柄"は過去の遺物"」でしかありません。

…さぁ、気づきましたか？

今の部分に「銘柄100」の上手な利用法が1つ隠されているのです。そう、その週に先週から入れ替わった「銘柄100」には何らかの意味があるのです。

もうすぐ何らかのチャンスが来るのか、気づかないだけで今もうチャンスなのか？

面白い銘柄であるのをわかりながら既に保有済みで紹介できないだけかもしれません。

　「銘柄100」の変化の背景を探るだけでも十分トレードの楽しさが増すはずです。

サークルのメンバー全員が 毎日行う「銘柄検討」

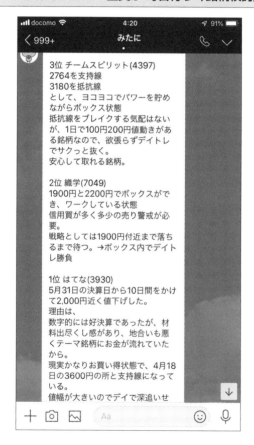

第3章・本気で勝つための『戦略編』

capture 3-7

損切りは金？
いや消極的な損切りは禁でしょ！

損切り自体を全て否定するつもりはありません。

けれども JumpingPoint!! では基本的に損切りという行為自体ほとんど行いません。

もしやむを得ず損切りを行うとしても、その場合は「積極的な損切」と判断できる場合のみに限り粛々と行うようにしています。

「損切り」には「積極的な損切り」と「後ろ向きな損切り」があります。

「積極的な損切り」とは、主に現状出ている利益以上の大きな利益を求めた結果として、残念ながら利益を溶かしてしまった際に執行する、損失を出す前の「損切り同値」です。

たとえば、990円でエントリーした銘柄が、1,000円の抵抗線突破で1,050円を超えてもまだ伸びると予想して放置した結果、ずるずると株価が下がってきて990円を割り込みそうになった時に、マイナスを生む前の「同値撤退」をしたケース。

これはさらなる利益を求めて「攻めた結果」であって、何も否定される要素はありません。

92

または、ダウが夜間で600＄下げたのに寄付の日経が
▼200円から始まり、その差を埋めるべく場中に値を下げ
るのが予見されるときに、まだ下げ始める前の朝のモタモタ
している間に売り逃げる… といった「明らかに傷が浅く済
んでいる状況下の売り」といった場合。

これらの損切りを執行している場合はさして問題ないので
すが、次のような損切りは決定的に性質が異なります。

「最初から５％下がったら切るって決めてたから損切り。」
「追証が掛かると嫌だから、別に指標は意識せずとりあえ
ず損切り。」これは誰の目から見ても後ろ向きな自分勝手な損
切りでしかありません。

何故後ろ向きか？
それは明確な意思を持たずに、ただ自分のお金の都合で勝
手に処分してしまっていて取り返す意思を感じられないか
ら。「意志の無い取引」に意味も意義もありません。

けれども、あたかも株の参考書では
「損切りする者が勝つ」などと美談のように扱われること
もしばしば。
いつの間にか「損切り」がヒーロー扱いされてさえ居て、
違和感を覚えざるを得ません。

損切りをしても元本が増えることはありません。

つまり損切りはしないで済むならしない方が良いのです。

「積極的な損切り」
　①上昇中に含み益を確定せずにさらなる大きな利益を目指したけれども
　思い通りにならずに「損切り同値」で撤退する場合

　②まだ下がっていないがニュースやテクニカル等で今後確実に下がる予測ができる場合の誰よりも早い避難

「消極的な損切り」
　①「何％下がったから」「何円下がったから」という損金をベースにした撤退

　②ポジションを広げ過ぎた結果、追証を回避するためにポジションを減らす行為

capture 3-8

癖があるから狙われる
個人投資家の致命的な欠点とは？

「個人投資家の悪い癖」

それは「損切りをすぐ行う」事だけではありません。

むしろ、それより数段タチの悪い欠点を常にさらけ出しているにもかかわらず、そのことに誰一人として気づいていないのが問題なのです。

まずは問題です。

---

①支持線をもうすぐ割れそうです。
　割れたら買いますか？　売りますか？

②抵抗線で跳ね返されてしまいました。
　買いますか？　売りますか？

③移動平均線がゴールデンクロスする時、買いますか？
　売りますか？

④同じくデッドクロスした時、
　買いますか？　売りますか？

おそらく皆さんの答えは
①売る　②売る　③買う　④売る

になったのではないでしょうか？

もちろん正解です、とりあえず。
では、質問を続けましょう。

なぜ僕がいま、みなさんがどう答えるか当てること
ができたのでしょうか？

この答えが今回の章の核心部になります。

おそらく皆さんは、先ほどの質問に対して何の疑問も持た
ずに、①売る　②買うなどと答えを出した筈です。それは何
故ですか？

恐らく「参考書に書いてあったから」と答えるつもりでは
ないですか？
勿論その答えにウソは含まれていないでしょう。

けれども本当にそれで勝てると思っていますか？
いまの①②③④の判断をして、みなさん本当に勝てますか？

では、質問を変えましょう。

⑤あなたがジャンケンでパーを出すのが分かっています。
　あなたに勝つために、僕は何を出せばいいでしょう？

96

答えは　⑤チョキ　を出します。

以上から個人投資家の本質的な欠点に気づけましたか？
　そうです、「個人投資家の好む行動パターンは、機関投資家に対して常にバレバレ」なのです！！

　あなたがどのタイミングで買いたがる、売りたがるのが分かっていれば、それに対して「先手を打つ」ことも、「後出しジャンケン」をすることも両方可能なのです。

　「それでも定義なんだから仕方ないじゃないだろ！」
　もしそのように考えてしまった人が居たら、かなり負け組の素質を持った重症者です。

　よく考えてみてください。
　株は数学のように答えが１つに決まっているものですか？
　当然違いますよね。それなのに多くの人は「株の教科書や参考書の中身を定義と勘違いして、言葉のまま“暗記”」してしまっているのです。

　「俺とジャンケンしようぜ！　俺絶対パー出すからな！」

　「トレード勝負しようぜ！　抵抗線超えたら俺絶対買うからな！」
　この両者は同じことを言っているわけです。あまりにも残念すぎませんか？

そうなると機関投資家の思う壺。

　せっかく勉強したことが全部裏目に出てしまうのです。

　そんな理不尽な仕打ちを受けないために考えておかなければいけない事は何でしょう？

　とりあえず、「初心者向けの教科書にたくさん書かれている内容は機関投資家に狙われやすい」という事実を知っているだけで、十分なアドバンテージを得られるのは間違いないでしょう。

　それを理解したうえで、「株は数学じゃない」という当たり前の事実と向き合って、その都度都度のシーンに応じたトレード方法を見付けて行けば良いでしょう。

　折角なのでさらに少しばかり手助けとなるヒントをプレゼント。

　実は今回この出版にあたって調査した、直近に発売された初心者向けの参考書で取り扱われたテクニカル指標の中身をランキング形式で紹介しておきます。

> **1位：移動平均線 (GC・DC 含む) ＝ 95％**
>
> **2位：支持線抵抗線＝ 90％**
>
> **3位：トレンドライン＝ 85％**

　今回自分が調べたのは 20 冊。

その中でテクニカルの指標として扱われていたものはどれも大差ないという結果でした。

要するに、このあたりを初心者が必死に勉強するということから、これらの指標には、いつでもすぐ隣に「罠にはめてやろう」とする機関投資家の目がある事を意識しておかなければいけないのです。

思い当たる節はありませんか？
◎支持線を割れて慌てて損切りしたらダマシで株価がそこから一気に戻ってしまった…

◎ゴールデンクロスしたと思って買ったら陰線になって即損切りを強いられてしまった…

こんな時に「騙された！」って思わず叫んだ記憶はありませんか？　それは騙される原因が自分の方にあったのではないですか？

「株の初心者は教科書から学ぶ」という一見当たり前の行動の裏を行く！　気づき１つ、アイディア１つで、株の勝てる確率は大きく変わってくるのです。

capture 3-9

個人投資家討伐マニュアル
〜情弱をみんなで倒す物語〜

　機関投資家が個人投資家を叩くのに
　「癖読み」を有効利用していることは説明してきました。

　ここからは、更に踏み込んで個人投資家であるあなたが、
　もっと自分より弱い個人投資家を積極的にやっつけてみま
しょう v ＾ - ＾ v

　いまさら本文を書いていて気付きましたが、ここで書いて
るコトって糞ですね（笑）

　なかなか糞すぎて友達には勧められないんで、代わりに皆
さん買ってくださいね（願）

　さぁ本題いきまっしょい！
　「自分より弱い個人投資家をやっつける」
　まずはその前提条件から確認しておきましょう。

　次の文章の【　　】の部分に「個人投資家」「機関投資家」
のいずれかの言葉を埋めて文章を完成させてください。

① 【　　投資家】は「空売り」で利益を上げることが多い。
　　それは個人投資家が空売りより買いで入るケースが
　　圧倒的に多く、その対に陣取ることで利益を上げや
　　すいから。

② 【　　投資家】は【チャート】を材料に買いに入りますが、
　　【　　投資家】は
　　【チャートの足形を自分で操作できる財力】を
　　持っている。

③ 【　　投資家】は
　　【信用余力限度まで買いあさる習性がある】ので、
　　【ふるい落とし】によって市場から追い出されやすい。

④ 【　　投資家】は【　　投資家】の買い玉が枯れるまで
　　空売りを続け、買い玉が枯れた後もさらに売りたく。

⑤ 【　　投資家】は【　　投資家】の信用取引の「平均建値」
　　を把握して【　　投資家】の損切りラインを機械的に
　　計算してトレードを行う。

　正解は、
　①機関　②個人・機関　③個人　④機関・個人　⑤機関・
個人・個人
　になります。

これで「機関投資家 VS 個人投資家」の関係図がはっきりと見て取れたと同時に、相互のトレードポイントの違いを理解できたのではないでしょうか。

　ただ漠然と「機関投資家 VS 個人投資家」の構図を「お金持ち VS 貧乏人」といった理解しかできていないと、肝心な敵味方の関係を見落としてしまいます。

　ここであなたが狙わなければいけないのは、あくまで機関投資家をではなく個人投資家が吐き出した財産なのです。

　まず、個人投資家は、多くの場合"無知"です。

　正確には情報量で機関投資家に負けているので、だまし討ちに合いやすいのです。

　一見強い情報に見えるローソク足の並びであっても、その足形自体が機関投資家によって作為的に作られている場合すらあります。

　個人投資家が乗りやすいような足形で誘導して高値圏から一気にナイヤガラ

　そんな光景も普通に発生します。

　次に、個人投資家は"無謀"です。

　自分の財力と信用取引のレバレッジを往々にして過信してしまいます。

　ナンピンさえできれば乗り切れるような場面でも、信用余

力いっぱいに最初からポジションを構えてしまうので、一発退場になってしまいます。

そして、個人投資家は"無策"です。

機関投資家は最初に玉を仕込む段階からターゲットを個人投資家の損切り玉に絞った戦略を立てているので、機械的な売買が可能になります。

個人投資家がいくらの価格でどれだけの玉を仕込んだかを冷静沈着に分析していて、長年の統計データと解析プログラムで「何円まで暴落させたら何人が追証に追い込まれるか」に基づいて空売りを仕掛けます。

このように、個人投資家は"無力"なのです。

最初から関わってはいけない相手なのにもかかわらず、つい手を出してしまうのです…

「けれども、個人投資家の屍が転がっているという事は、うまく立ち回ればその死肉をついばむことは可能かも…‼」

もしあなたが、そんな考え方ができるようになっているのならば、「勝ち組への道を切り拓ける資格」を持っているのかもしれません。

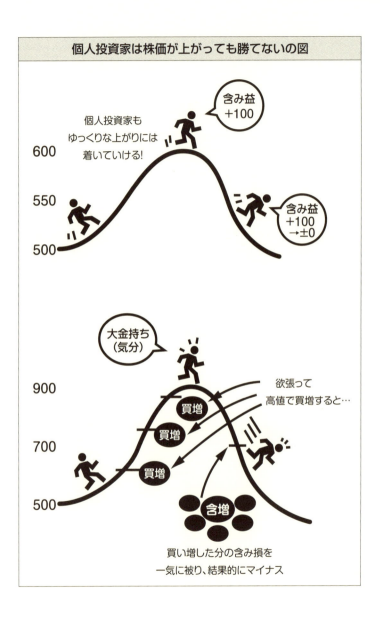

第3章・本気で勝つための『戦略編』

個人投資家は株価が下がったらすぐ死んじゃうの図

600

550

損切

500 ％や含み損益で
損切してしまい
後のチャンスを摘み取ってしまう

900

追証

700

うわぁぁぁぁ

ポジションが大きすぎると
追証につまずいて一発退場も

500

見せ板出現からのストーリー

500	100	
300	99	
300	98	
100	97	
800	96	
100	95	
	94	400
	93	100
	92	100
	91	200
	90	10,000
	89	500

← 見せ板登場!!

500	100	
300	99	
300	98	
100	97	
800	96	
100	95	
	94	400
	93	300
	92	1,600
	91	5,000
	90	10,000
	89	500

リスクワード的にお得 ←

92 円で買い→　得をすれば∞円
　　　　　　　損をしても -2 円

91 円で買い→　得をすれば∞円
　　　　　　　損をしても -1 円

「90 円の 10,000 株が支えて
くれるので安心」と考える

第3章・本気で勝つための「戦略編」

見せ板の類出パターン

100	100	
200	99	
30,000	98	
500	97	
400	96	
800	95	
	94	400
	93	200
	92	1,600
	91	300
	90	100
	89	500

← 見せ板の"蓋"

これ以上価格が上がらないように
見せて価格下存を促す

100	100	
800	99	
300	98	
200	97	
800	96	
500	95	
	94	100
	93	500
	92	100
	91	21,000
	90	400
	89	700

← 見せ板の"支え"

これ以上価格が上がらないように
見せて価格上昇を促す

capture 3-10

JumpingPoint!! らいおんまるオリジナル 本邦初公開「ヒートマップトレード」

　JumpingPoint!! では、創設以来ずっとトレードの際に「ヒートマップ」を用いています。
　あまり聞きなれない言葉ですが、これは「事前に登録しておいた100銘柄」の動きを、場中に一挙に全てを管理できるツワモノなのです。

　まだ存在自体がマイナーで、分析ツールとして提供している証券会社が非常に少ないのですが、一度使い始めると絶対に手離せない「彼女以上の存在」になってくれる存在です。

　使い方は簡単で、値上がりしている銘柄を「赤」、値下がりしている銘柄を「青」で表示し、その値上がり幅・値下がり幅が強烈になればなるほど、色が次第に濃くなっていきます。

　この濃淡の変化で「全体のトレンド」と「個別銘柄のトレンド」を同時に100銘柄まで把握できてしまうのです。このような「全体」と「部分」を同時にたくさん視界下におけるツールはこのヒートマップ以外に存在しません。

基本的な使い方は簡単です。

「色の濃淡の深化＝トレンドの方向」の関係性があるので、ヒートマップ上で段々と色が濃くなっていけばアップトレンド、段々と色が薄くなっていけばダウントレンドを表します。

いちばん簡単なのは、赤色が次第に濃くなっていく銘柄を見付けて飛び乗ると、それがアップトレンドの「流れに乗ったトレード」になり、利益を上げやすい傾向があります。

さらにこれを応用してみましょう。
赤色が次第に濃くなっていく銘柄を見付けた際に、その赤い銘柄の板に注目して、板上の支持板・抵抗板（要するに厚い板の壁ができている部分）を探すのです。

そしてアップトレンド銘柄の場合はここで抵抗板の厚い板の増減に注目し、その板が食われて上抜けする機会をじっと窺うのです。
そうすると、トレンドに乗っている銘柄は当然上抜けする可能性が他の銘柄と比べて圧倒的に高いので、抵抗線抜けに相乗りして大きな利益を上げる可能性が高まるのです。

ちなみにこの「抵抗線（または抵抗板）を上抜けする瞬間」のことを何と呼ぶかご存知ですか？
…その地点のことを「ジャンピングポイント」と呼び、それが私たちのサークルの名前の起源となっているのです。

109

ヒートマップ

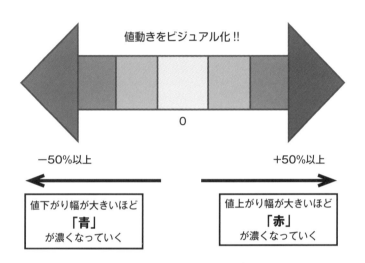

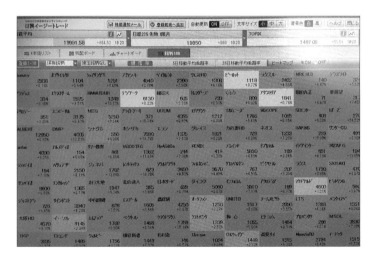

> 5分足でヒートマップの変化を追うことで、効率的に銘柄ごとの流れを確認できます。
>
> 画像は10分毎で70分です

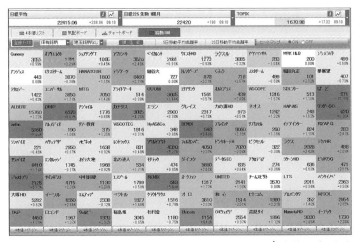

▲午前8時00分

▲午前8時10分

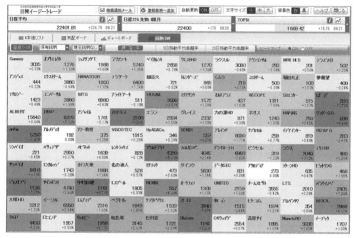

▲午前8時20分

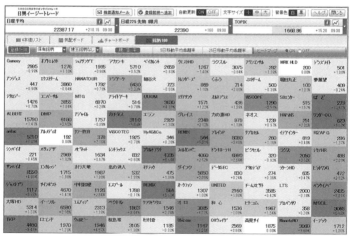

▲午前8時30分

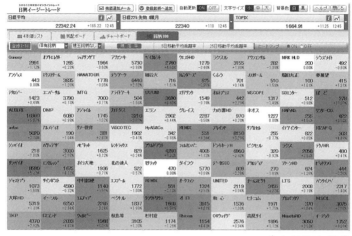

▲午前8時40分

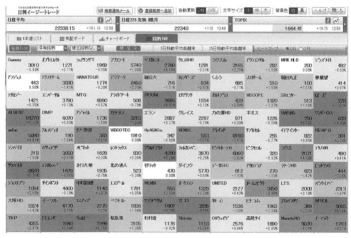

▲午前8時50分

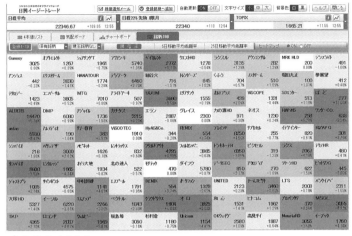

▲午前9時00分

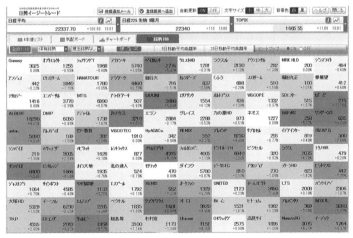

▲午前9時10分

114

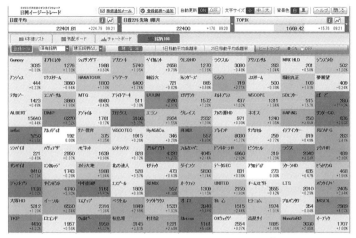

▲午前9時00分

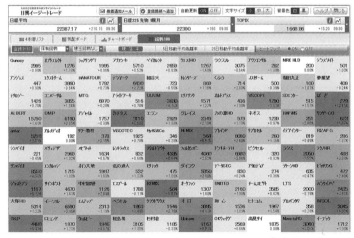

▲午前9時10分

ニュースの初動を掴めば1日で50%以上の利益を上げあれることもある。
(2019/6/10「高齢者安全運転装置」東京都が90%補助へ)

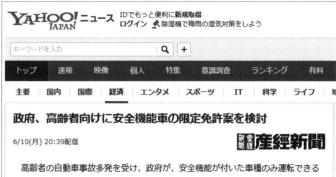

▼ International

日本経済新聞
2019年6月12日 (水)

トップ　経済・政治　ビジネス　マーケット　テクノロジー　国際・アジア　スポーツ　社会

ストーリー　速報　朝刊・夕刊

急発進防止装置、都が9割補助　高齢者事故で対策

社会
2019/6/11 18:49

保存　共有　印刷　その他

高齢ドライバーによる交通事故が相次いでいることを受け、東京都の小池百合子知事は11日、アクセルとブレーキを踏み間違えた際に急発進を防ぐ装置の取り付け費用を9割程度補助する方針を表明した。都議会の代表質問で答弁した。高齢者が対象で、具体的な年齢や開始時期は今後決める。

踏み間違い防止装置の付いた車の運転席に座る東京都の小池知事（10日、東京都江東区）=共同

高齢者の踏み間違いなどが原因で通行人が死傷する事故が目立ち、都は緊急対策を講じることにした。補助制度開始から1年間、装置の取り付け費用の9割程度を都が負担する。

オートウェーブ（JQ2666）

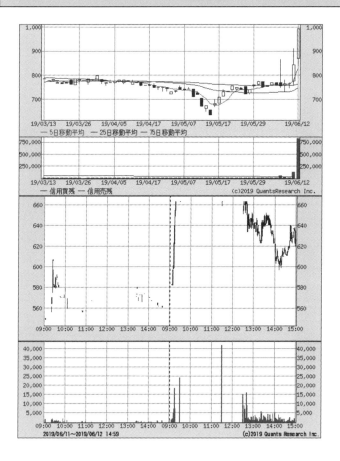

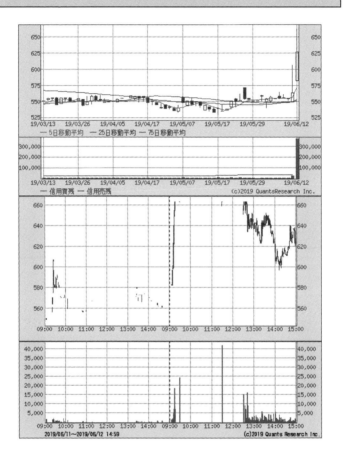

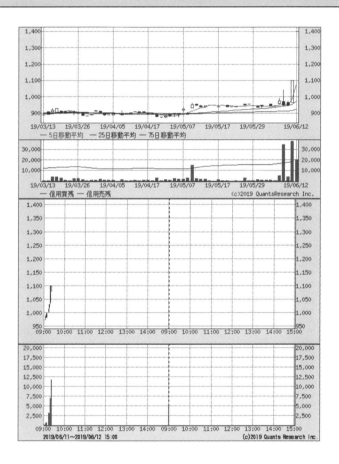

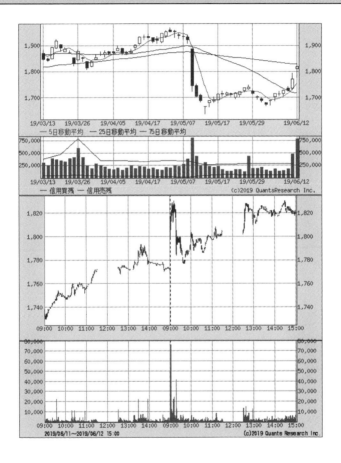

2019年6月のオススメ株主優待 TOP13 〜前編〜

使い勝手がサイコー！
身近なファミレスお食事券 !!!

●すかいらーくＨＤ（3197）¥1,959

100株：3000円×年2回

ガスト・バーミアン・ジョナサン・夢庵

しゃぶ葉・藍屋・Festa Garden 等

●ロイヤルＨＤ（8179）¥2,773

100株：500円×年2回

1000株：12000円×年2回

ロイヤルホスト・てんや・Sizzler

シェーキーズ・CONBOY 家族

●フジオフードシステムズ（2752）¥2,901

100株：3000円分×年2回

串屋物語・えがのや・まいどおおき

つるまるうどん・SAM`S・ザどん屋

365 日食べていた
ファーストフードお食事券

●日本マクドナルド（2702）¥4,900
100株：好きな6食分×年2回

朝マック＆限定メニューでもOK

●アークランドHD（3085）¥1,880
100株：1100円×年2回

かつや・からやま・岡むら屋

●ホットランド（3196）¥1,583
100株：1500円×年2回

銀だこ・銀の案・コールドストーン

●サニーサイドアップ（2180）¥2,258
100株：2人限定メニュー

Bills・世界一の朝食

高配当も付いてくる！
10万円で買えるクオカ狙い！！

●ムゲンエステート（3299）¥582

100株：1000円分

優待＋配当で約7.3% / 年

●コーア商事ＨＤ（9273）¥891

100株：1000円分　危

優待＋配当で約3.9% / 年

●メディアスＨＤ（3154）¥719

1年未満100株：1000円分

1・2年未満100株：2000円分

3年以上100株：3000円分

優待＋配当で最大約5.6% / 年

欲しいのが見付かる！ 選べるカタログギフト＆実店舗

●千趣会（8165）¥278

	（6月）	（12月）
1年未満：100株	1000円分	+1000円
1年〜　：100株	1000円分	+1500円
2年〜　：100株	1000円分	+2000円
3年〜　：100株	1000円分	+2500円

●イテアンインターナショナル（3140）¥1,000

100株 RIZA グループ 9000円相当

（雑貨や BURUNO ホットプレート限定）

●アシックス（7936）¥1,000

100株：オンライン 25%直営 20%引

300株3年以上：オンライン 30%直営 40%引

割引券は年2回×10枚

第4章

「株Tube」オススメ動画ランキング

人気視聴数

第1位

株チューブの最強の株主優待#1

● 2019年3月のオススメ株主優待TOP13

https://youtu.be/R0JWL8GB_zl

1年の中で一番株主優待が多い3月。なんと800社以上が優待を実施することで優待商品自体も群雄割拠の入れ食い状態。「定番のお食事券」「カタログギフト」「航空50%OFF券」など定番から穴場まで13銘柄を紹介しました。紹介する全ての会社に優待条件の確認の電話を何十件もかけたのも良い思い出です。

人気視聴数

第2位

株Tube
相場攻略シリーズ#5

●ランド(8918)で稼げ！実は安全高利回りな超低位株攻略法

https://youtu.be/Cdx9F907z0U

100株購入してもたったの1,000円以下という通称ゾンビ企業・ランド(8918)の例を元に、低位株の攻略法を解説。 1円抜くだけで10%以上の利益、2円抜ければ20%以上の利益になるても十分な利益効率なのです。完全なボロ株ですが倒産リスクが少ないので株主気分を味わいたい人にも優しい銘柄の付き合い方。

人気視聴数

第3位

株Tube
相場攻略シリーズ#6

●サンバイオ徹底攻略〜前編
　：ファンダメンタル分析&ストップ安リバウンド戦略〜

https://www.youtube.com/watch?v=5dQa1hSaquU

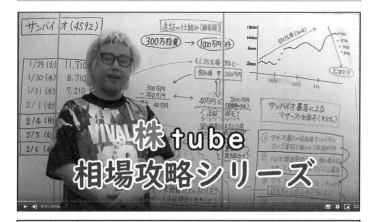

11,710円から一気に急降下で1週間で2,000円台に突入したストップ安からの解放タイミングと具体的な攻略法を、過去2016年に同じ状況にあったアキュセラ・インクで4,000万円を儲けた経験談とデータをもとに2回（後編は明日公開）にわたって解説しました。リアルタイムな株価下落時に戦略は今後も有効です。

人気視聴数

第4位

株チューブの
最強の株主優待#2

● 2019年6月のオススメ株主優待 TOP13

https://youtu.be/cP72lRovVAc

前回の好評を得てパワーアップした優待特集。すかいらーくグループ・ロイヤルHD・フジオフードなど「大規模HD」内にあるグループレストランとおススメメニューまで詳しく紹介しました。他にも「10万円以内」「配当10%」など、視聴者の求める優待の形を追求する…ひそかに次世代の桐谷さんポジションを狙った意欲作でした。笑

人気視聴数

第5位

株Tube
相場攻略シリーズ#3

● RIZAP暴落を利用して稼ぐ方法

https://www.youtube.com/watch?v=Hn8OMW-hIwg&t=9s

2018年11月計画の170億円黒字予想から一転、70億円の赤字を計上し、翌日から連日のストップ安を連続する状況となった健康事業で有名なRIZAP。85社の連結子会社を有するHDで、本体同様にそれらの法人も影響を受けることに…。連結子会社の動向予測と、具体的なトレード戦略、今後同様時の効率良い稼ぎ方を伝授!

人気視聴数

おしえて株Tube#19

●2度と触りたくない失敗銘柄!!

https://www.youtube.com/watch?v=qQ69B2G8c40&t=14s

失敗したときにすぐ損切りをするのではなく、ナンピンやスイング転換できるようメンバーには講義で具体的な方法を教えています。「失敗を糧とする」ためには相場に生き残っていなければいけないのですが、逆に言うと相場に生き残ってさえいれば勝つチャンスが必ず転がっているのが株の面白いところ。

人気視聴数

番外編

株Tube副業せどり部#4

●こんなヤツはせどりをやれ!!

https://www.youtube.com/watch?v=4C7-ss-trXs

せどりの魅力は、なんといっても「ローリスクで自分のペースで稼げる」ことで、副業に最適です。最近は「電脳せどり」と呼ばれる事前に落札価格予測可能なシステムを用いることで在庫リスクもほぼ0になっている。

人気視聴数

株Tube EXTRA#13

● 2019年3月18日〜の注目銘柄 PLUS12

https://www.youtube.com/watch?v=nYSr119jV9g

株式投資で生活をしているサークル仲間たちと、翌週のトレード注目銘柄を、毎週1人3銘柄ずつ【ランキング形式】で発表して、注目する理由とともに、具体的なトレードのポイントや自身の成績まで紹介

JumpingPoint!!

株Tube
現在公開中
人気のラインナップ

株Tube
「来週の注目銘柄TOP6」

https://youtu.be/rTYqiaW6iOo

出演：らいおんまる・みったん
〈毎週／日曜日・午後更新〉

「おなじみ王道・真骨頂コンテンツ!!」
開設当時から変わらぬ解説でお送りする安定っぷりが自慢のコンテンツ。2人がそれぞれ選ぶTOP3に加えて、今後期待の関連銘柄まで一挙公開!! 視聴者から絶大な信頼を得ている王道中の王道ですけぇどぉ〜!!

(みったん)

株チューブEXTRA
「来週の注目銘柄PLUS12」

https://youtu.be/jby4MqdyJf4

出演：らいおんまる・ぷちゅ・かんぽ・まっちょん・ゆーや
〈毎週／日曜日・深夜更新〉

「JumpingPoint!!現役世代が来週の市場を予測!!」
「年利100%8年連続達成中」の"学生投資王"率いる「最強学生投資サークル」の面々が、独自の理論で翌週はねる3銘柄を大予想!! どこよりも詳しい根拠の解説もあるので、これから株を始めたい学生のみなさんにも見てほしい!!　　　　　　　　　　　　　（ぷちゅ）

JumpingPoint!!の
今日の10分株ニュース

https://youtu.be/QGHxP4oZgfA

出演：らいおんまる・まっちょん
〈毎週／月曜〜金曜・24時頃更新〉

「短時間集中！
　今日の株・決算・仮想通貨まるわかり！」
平日毎日10分間限定で、その日の「投資」に関するあらゆる話題を現場目線で徹底紹介!!　ただのニュースでなく、実際のトレーダーだから気付いた注目銘柄やサプライズ決算まで!!　寝る前&通勤中のちょっとした時間にどうぞ!!　　　　　　　　　　　　　（まっちょん）

経済異種格闘技
五反田マネーウォーズ

https://youtu.be/qg31WiuGzeM

出演：たいせい・よね・かえで・まー坊
〈地上波（TV東京系全国区ネット放送）〉

「若手4人によるガチンコ金稼ぎバトル!!」
デイトレード完全密着のドキュメント番組にて、やらせ無しで週利益80％を2週連続達成した偉業には一見の価値あり!! 「株だけで8000万円稼いだ学生・大迫泰成(たいせい)」がJumpingPoint!!らいおんまる直伝の「再現可能なトレード方法」だけで勝つ「ドラマより熱いドラマ」… 競馬・せどり・タイムチケット… ライバルたちもキャラ全開で最高のエンターテイメント!! 　　　　　(たいせい)

株チューブ
相場攻略シリーズ

https://youtu.be/D3v6pLg0s4k

解説：らいおんまる
〈不定期更新〉

「旬な銘柄の未来と攻略のヒントを！」
世間で話題の特定の銘柄やテーマ株を徹底的に深掘りして詳しく解説!!　今後の展開から具体的な攻略の方法まで、あらゆる角度から「今起きている事件・相場」にまで先取りで見解を発信していく本気のコンテンツ!!
上級者向けですが見てほしい!!

(らいおんまる)

おしえて
株TUBE!!シリーズ

https://youtu.be/qQ69B2G8c40

出演：らいおんまる・たいせい・ゆーや・他
〈不定期更新〉

「初心者が気になる株のクエスチョン!!」
「誰でも最初は初心者だったはず」…そんな初心に立ち返って展開する「これから株を始めたい人向け」の優しいコンテンツ集です!!「どこの証券口座が使いやすい?」「過去に失敗した銘柄は?」などちょっぴりコアな質問にもどんどん答えて行き摩周湖!! 　　　　　(ゆーや)

株Tube起業体験談シリーズ〜
学生企業のすすめ

https://youtu.be/NU86zuW4k-o

出演：らいおんまる・たいせい
〈不定期更新〉

「株×起業＝カッコいい!!」
株で稼いで起業を果たした「師弟関係」のリアル起業家2人が本音で話す体験談クロストーク集！資金の集め方や、協力企業とのコラボの進め方、集客の仕方など、リアルに2人が達成した経験をベースに、本気で起業したい人に向けて「ちょっと役立つ話」を発信していきます!!　　　　　　　　　　　　　　(たいせい)

株チューブの高配当銘柄特集

https://youtu.be/YFL5d01sPzg

解説：らいおんまる
〈不定期更新〉

「高配当＆見逃しがちの特別配当まで大公開!!」
年利5%10%は当たり前！配当は誰でももらえるラッキーボーナス、貰わなきゃ一生後悔しちゃう素敵な銘柄を紹介していきます！新設＆特別配当まで逃さずリサーチする「超」お得な実益系コンテンツです!!

(らいおんまる)

第5章

投資の「真実」と「騙し」について
ザックリ解説

騙し	真実の目
トレードは毎日する	トレードは週1,2回で十分
ダブルインカム狙いで株	株を目当てにしない
仕事中もトレード	日中は仕事に集中
株は知的ゲームだ	株なんかバクチ
売却益で生活費の足し	儲けた金はあぶく銭
時間をかけた分だけ勝つ	1回10分で勝つ
板情報を見て1円抜きする	板情報を見ない
信用取引はしない	信用取引は必要
分析研究は欠かせない	分析研究はメンドクサイ
デイトレなら勝てる	デイトレにこだわらない
長期なら勝てる	長期はしない
分散投資が安全	分散に惑わされない
材料株で勝てる	材料に惑わされない
チャート分析は必須	チャートは見ない
四季報は毎期購入	四季報は見ない
チャート集は毎週購入	チャート集は見ない
勝つために、日経よく読む	日経新聞は仕事のために読む
投信よりハイリターン	あんま変わらない
FXよりローリターン	あんま変わらない
インカムゲインが一番	ハイリスク・ローリターン
努力した分だけ報われる	ラクしても勝てる

capture 5-1

騙されたくないのに騙されている件

　はじめに左の図を御覧ください。見てだいたい想像がつくとおり、投資のホントとウソについてざっと書き出しました。

　誰でも知っていると言えばそうかも知れませんが、わかっていても騙されている、という事実まで知っておこうという主旨です。

　投資・マネーの専門家みたいな人たちが、たくさん騙しにかかってくるわけですが、「株投資の常識」というワナに騙されることなく、知識・経験的武装をしようとも言える内容です。

　なお、この章についてはJumpingPoint!! の参与的な立ち位置の筒井源太が、かつて執筆した本からのリメイクテキストとして再掲載します。

□ 「株は知的ゲーム」とドヤる人

　ギャンブルではない、と力説する人たちなんですが、知的ゲームって何ですかね。私にはモノポリーとか、囲碁・将棋・チェスなどは該当すると思うのですが、株投資はまったく違うだろと言いたくなります。

　モノポリーなんかは完全に知的ゲームですよね。バカではできない。だから私はヘタですが、あれは深い読みや相手との駆け引きが勝負だと、自分なりに思うところがあります。

しかし、株投資に深い読みなどありません。駆け引きって誰と戦うのでしょうか？

あれは読みではなく「長い予想」ではないかと…。読みなんかしたところで、株価の動きに他意はねえっす。ボクの売買を睨んでの動きではありません。

つまり、していることはただの予想なのです。それこそ、競馬と変わるところがありませんね。だからギャンブルと決めつけているわけです。

□不確定要素があるのに、何をいわんや

もし株投資が知的ゲームというなら、変動要因の見あたらない銘柄が突然仕手株化するのはなぜか、倒産銘柄が一円〜二円を行ったり来たりするとか数円跳ね上がって悪あがきするのはなぜか、知的ゲームの見地で答えてもらいたいです。

そんな極端な例を挙げなくても、日々ある想定外の動きに予想が対応できないのはあまりに非合理と思うんです。

言うまでもなく、投機的要素は絶対無視できないのが株投資の本体でして、投資である以上、不確定要素は避けられないことなはずなのです。

それを都合の悪い部分だけを隠して「知的ゲームです」と強調するやり方は、ある種サギ的行為にも当てはまると思います。

そうやって私たちから騙すカタチでお金を巻き上げるなら、今日の株投資の人気ぶりへの冒涜というより他ありません。

148

capture 5-2

「2,000万円。老後自助努力な」

　記憶に新しい、金融庁がうっかり本当のことを言ってしまい、猛バッシングにさらされましたね。

　年金以外に2000万円貯めとけよな、という発言で炎上しまくった老後自助努力の必要性ですが、正直すぎて清々しさをも感じますが、トシとってから株とか無理でしょ。

　プロでさえ、足下をすくわれることが多々あるというのに、ヘンな誘いはやめたほうがいいと思いますけどね。

　年金不安は確かにそうです。年金だけで生活のすべてをまかなうのは、ちょっと苦しいことでしょう。

　ですが年寄りに、生き馬の目を射貫くやりとりなどできるはずがありません。自然、長期トレード的に偏り、買い玉の含み損を増やしていくだけとなってしまいます。

　確実性の高いものでなければ自助にはなりえません。それは、給料であったり事業の営業収入、不動産収入などを指すわけで、株の譲渡益は言うほど簡単ではありません。株の配当収入は確実性の高いものといえますが、額が一ケタ違いますので私たちには関係ないと思います。

　当たり前の話になりますが、最低限の時間と金を掛けた前提が付くということです。

capture 5-3

「投資三分割、分散投資法」
…少額をさらに小分けですか

□もともと少ない資金なのに三分割…

　広く世間一般で言われていることなんですけど、「大切なお金はタマゴと同じである。そのタマゴを一つのカゴにすべて入れてしまうと、転んだときにすべてダメになってしまう。そこでカゴを複数用意しそれぞれタマゴを分けなさい」。

　これ素晴らしいですね。かつての東京電力みたいな超安定ディフェンシブ銘柄に有り金すべて突っ込んでいたらと思うと、珠玉の金言と言うべき常識でしょう。

　ただ、私たちにはもともと東電のインカムゲイン狙いなどとは無縁ですから、あそこが株価ゼロになろうが戻そうが関係ありません。

　そういう視点でいますと、いろいろ現実にそぐわない点が散見できますので整理して考える必要があると思います。

　一番の問題は、三分割するほどのお金がそもそもないということ。

　たとえば、100万円の余剰資金ができた家庭があるとしましょう。特別投資の知識があるわけでもなく、エライ人がいう三分割に納得できるでしょうか。

　んなワケありませんね。

　その100万円は、ほぼ間違いなく貯金に回ります。なぜなら、

150

分割するほどの額ではないからです。

1000万円、1億円あれば三分割の意味ができるでしょうけど、金額の多寡を考えずに、ただ三分割をお題目とするのは誤りでしょうよ。

□何に三分割するの？

土地と株式と債券というように、それぞれ影響を受けにくいまた変動のパターンの違うものに分割するといい、と専門家気取りの人らの常套句です。

これもグウの音が出ないほどの正論ですが、真に受けて言うとおりにして、かつての日本航空に突っ込んでたらどうなっているでしょうね。

株の時価は下がりに下がって、土地も同じです。債券は安定しててもしょせん債券です。タンス預金となんら変わらない利率で、他の補填にはなりえませんね。

だいたい、土地ってマイホームなら売るものではありませんから、資産として扱うのは違ってると思うんですよ。

分散投資も同様ですが、大火傷にならないほどの割合というと、3つ4つの世界ではなく10や20は必要になるのではないでしょうか。

20銘柄のうちの一銘柄が倒産した場合、投資額の5％がなくなったことになりますが、痛いは痛いですが致命傷ではありません。

でもいったい、一銘柄にかける投資額はどのくらいになるんでしょうね。そう考えると分散投資がボクらにどれだけのメリットをもたらせてくれるのか、と唸ってしまいますね。

151

capture 5-4

「信用取引は絶対悪」
…儲かるかどうかのハナシじゃん

□何が悪いのか、まったくわからない

　少し株投資について実戦経験を積んでいくと、信用取引が必要なことがわかります。

　だいたいは必要になりますので、口座を開設してください。

　ただ、開設前にどういう内容かは、キチンと把握していてください。

　信用取引では、持ち金以上の取引ができます。証券会社によって違いますが最大で3倍の売買が可能です。

　100万円の資金があれば、300万円分売買できるわけですから、これは素晴らしい武器です。

　ただし、時価評価で一定率の含み損失を受けると、いわゆる「追い証」の発生となり追加の資金を要求されてしまいます。お金がなければ、ゲームオーバーというシビアな事態となってしまいます。

　信用取引に対するネガティブな要素といえば、だいたいこの点を指します。これを指して、信用取引は危険だからしてはならないと、とくにFPなんかがよく知らないくせに言っちゃったりします。

　しかし、今日びのネット情報化社会で、信用取引の危険要

素を知らない人がどれだけいるのか、と。日経オプションの
ウルトラ・レバレッジとはケタが違いすぎます。

　いい加減、信用取引ぐらいは現物取引と変わりなくできる
よう、金融庁はハードルを下げてほしいものです。

□空売りはけしからん⁉

　これも古代のハナシかと思ってたら、いまだに証券会社は
空売りをおおっぴらに推奨できない立場のようです。ちなみ
に、中長期が基本とおっしゃる人もまだまだいますので、空
売りは論外ということになります。

　下げ相場では、集団ヒステリー的にみんなが売りに走って
しまうからだというのが理由のようです。

　う〜ん、そうなれば金利負けし始めますし、反発も早期に
起こって適正値への戻りが迅速になると思うんですけどね。

　2017・2018年までは相場は上がりっぱで、現物買いで確実
でしたが、今はボックス相場ですからね。

　買い一本ではキツいですね。

　極めつけのよくわからんの奴は、「空売りは、いわばその会
社が潰れろという意味であり、そのような発想は邪道」とか
言ったりします。

　これから下がると予想しての売りなのに、潰れるとか極端
なハナシには付き合えませんね。

　言い訳のように、つなぎのためならOKとかヘンなルール
を提唱する方もいましたね。

　わけのわからん奴には近づかない、に限ります。

capture 5-5

「ナンピン買い」し続けると どんな目に遭うか

　ナンピンには買い玉の平均価格を下げる効果があり、上昇に転じたときに早いプラス転化を見込める方法です。

　そういう意味では、買い玉が下げに転じてもじっくりできるスタンスでいられる素人には向いているかもしれません。

　ただ、これほど恐ろしい戦術はありません。どこまで下げるかの読みと、資金の集中化によるリスクが、私たちには手に余るからです。

　相場の読みがわかるなら、そもそもナンピンするような事態になりません。わからないから買い足しに及ぶのですから。

　それなのに、下げ止まりの頃を見て買い足すのは、これこそギャンブルのメクラ撃ちそのものです。なので、実際は買っても買っても下げが止まらないことに悩まされるわけです。

　また、資金が一銘柄に集中することで、収支がこの銘柄の結果に左右されてしまいます。まさに銘柄と心中になってしまうのです。

　始めから、この銘柄一本で勝負するつもりであるなら、どうぞ思うさまお賭けなさいと言うところですが、そんなことはないはずで、たんに事情が変わってしまっただけで非常措置の類いのものです。当然、そのようなことをすること自体、間違っていると悟るのが賢明です。

capture 5-6

「チャート分析で動きを読む」ことの終った感は異常

□テクニカル分析をしたつもりになる

　デイトレの基本的な攻め方ですが、板情報にある買い注文と売り注文の変動を見て、すばやく売買を繰り返したりします。注文数の変動がメインにあるなかで、いったいチャート分析を必要とする場面がどこにあるのかという昨今。

　どこが最初に三本値を公開したかは忘れましたが、これにより一円抜きの手法も確立されました。

　一応、注文数とともに株価やローソクもチェックしたりしますが、あくまでもサブであり、メインではありません。

　そうした現状を踏まえたうえで、チャート分析に目を転じますと、やはり苦しいですね。移動平均線やボリンジャーバンドとかで真剣に検討している方がどれだけいらっしゃるのでしょうか。

　別に MACD でも RSI でも構わないのですが、それ単体で検討し拠り所にしている方がどれだけいるんだよと。まあ、ほとんどいないでしょうね。なぜなら、それは大変危険なことなのですから。

　それでつい色々混ぜてしまう…。やりがいがあるというか、つい分析した気にはなれます。気になれるだけで、結果は変わらないというか、誤差の範囲です。

□大波を予測することも、対応することもできない

　どれも共通するのですが、しょせんは過去の数字を元にした指標でしかありません。

　過去の動きに準じた常識の範囲でしか予測できない、ということです。

　しかし、株相場は転換時などしばしば過去の動きとは異なる展開を示します。もみ合い相場が続いた後の上下変動などがイメージしやすいと思います。

　つまり、過去の動きに準じた常識の範囲なのですから、一本調子の上げ、または下げ、それともみ合いでは、チャート分析が生きると言えるかもしれませんが、それ以外のたとえば相場転換時は、まったくの不向きということになります。

□マドだけは…　あるいは

　そんななかで、私はマド理論だけは活躍の場があると思っています。実際いまでも使われている方は多いですし、メインに使うもサブに使うもアリだと思います。

　ただそれも、たんに昔好きだっただけのことでして、みなさんに強烈に勧めわけではありません。

　こういうのは、ホントに興味を持って、知りたくなったときに初めてやってみるのでいいと思います。

　ただ、マドを空けた原因を考えて、そこから推理のように考えていく作業は、他の指標を頼りにするよりは、はるかに建設的で有効打となり得ることでしょう。

capture 5-7

「材料、逆張りで先回り」は
爆死のショートカット

□材料が材料にならないのが問題

　「決算予想は、当初見込みを上回る増収増益」などという言葉は、まさに材料になる常套句のような文句ですが、どの銘柄であってもこういった材料で株価が動くとは限らないところが難しいところです。

　たとえば、大型株小型株の違いのように規模の違いもあれば、すでに信用買い残が溜まりに溜まって身動き取れない状態であるなど、その銘柄のいまの事情や状態に影響を受けてしまう場合があります。

　ただ一番の問題は、昔と違って投資家の指向が複雑になっていることが、いわゆる材料株というものを機能させていない原因だと思います。ネットのない昭和の相場なら、好材料で迷わず買い一本となりました。逆もそうです。

　しかし、いまの時代ではそれぞれの思惑も違っていれば、指向も違います。

　小刻みに、買って売るを繰り返すカタチでは、スムーズな上昇はしにくくなるわけです。

□逆張りでアタマからシッポまでいただく!?

　上下変動の幅が小さくなると、自然、ギリギリのところで

売買をして、少しでも利益を取ろうと考えが及んでしまいがちです。

その最たる手法が、逆張りトレードでしょう。

上がる直前に買い仕込みして転換を待つ。そして上昇を始めたら余裕を持って売り時を見極める、というひじょう優雅で高貴なうらやましい手法です。

ですが、これも勧める人の騙しの匂いを感じるといっぺんで興醒めしてしまいます。

なにしろ、都合よく上がる直前の仕込みなど不確かなこと。

底はまだまだで、何度これに泣かされたことでしょう。

ナンピンすればさらに底割れし、あきらめて損切りすればすぐに反転したりで、タイミングが難しいわけです。

経験する限り、これほど難しい手法はないと感じてますが、考えてみれば当然のことでして、下がっているときはもっともリスキーな状態という認識が欠けていたわけです。

それを小手先の傾向で、出来高が増えているのは逆張りに良しだの、決算前はなお良しだの信じてしまうわけです。

さらに、運良く仕込んだ銘柄が転換してくれたとしても、売り時はさらに困難を極めるわけです。

つまり、買い時・売り時連続してしかも最高のタイミングで売買するというのはもの凄く低い確率なのでしょう。

天井からの下がり方は急降下が常です。売り時こそ、天井の直前でなければなりませんが、仕込むときと同レベルの悩みとなってしまいます。

第6章

「株Tube」出演者図鑑

たいせい
(JP9 期最高成績)

東洋大学
経営学部経営学科 4 年

趣味
意図的にゲシュタルト崩壊を起こすこと

自分の得意な足型パターン
・底打ち後トレンド転換（転換点）
→ 特に IPO セカンダリー
・上値遊び（陽線多めの踊り場からの上放れ）

自分が重要視するテクニカル指標
①出来高（板）← テクニカル？
②買残、売残
③移動平均線乖離率
④足型キレイな銘柄はボリンチャー

自分が重要視する銘柄の条件
①ボラ
②十分な出来高
③日足のトレンド

こんな銘柄は絶対手を出さない
・昔大損こいた銘柄
・ウルフ村田が煽ってる銘柄

心に決めているポートフォリオの条件

マクロ経済の影響を受けやすい銘柄はなるべく持ち越さない。

自分が信じている「株の格言」

買いは家まで、売りは命まで

自分のスローガン

・大暴落の翌日は買いまくれ
・綺麗な女よりも綺麗なチャート

勝った時の自分へのご褒美

Suica を上限までチャージする

負けた時のストレス発散法

情報商材の会社に騙されたフリして、消費者センターに通告する

らいおんまるさんに一言

上場目指して頑張ります。そろそろ麻雀やりましょう！

株チューブを見てる人にメッセージ

・相場と付き合い、チャートを愛し、板と会話する。さすれば道は開かれよう。
・かんぽが一発ギャグやろうとしたら 10 秒スキップお願いします。

俺よりでかい大社長！
ホリ○モンを超える!!

ぷちゅー
(JP10期代表)

早稲田大学
文学部

趣味
株

自分の得意な足型パターン
鍋底からの底打ち、新高値更新の手前

自分が重要視するテクニカル指標
①移動平均線
②ピボット
③信用残

自分が重要視する銘柄の条件
①ボラティリティ
②出来高
③貸借

こんな銘柄は絶対手を出さない
出来高、ボラがないもの

心に決めているポートフォリオの条件
集中投資、2つまで

自分が信じている「株の格言」
頭と尻尾はくれてやれ

自分のスローガン
損小利大

勝った時の自分へのご褒美
おばあちゃん孝行

負けた時のストレス発散法
アイドルの LIVE に行く

らいおんまるさんに一言
シャンクス (意味深)

株チューブを見てる人にメッセージ
今よりもっと上手くなって皆さんの参考になる銘柄を挙げていくので成長を見届けてくれたらなと思います！

らいおんまる

天国の婆ちゃんは他人だって言ってたよ！

かんぽ
(JP10期チーム長)

大きいほうの東大

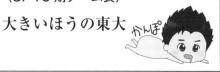

趣味
身体に巻きつけるんだよ

自分の得意な足型パターン
抵抗線上抜け

自分が重要視するテクニカル指標
①出来高
②信用買残
③抵抗線・支持線

自分が重要視する銘柄の条件
①ボラティリティ
②支持線の分かりやすさ
③出来高

こんな銘柄は絶対手を出さない
スプレッドが空き空き

心に決めているポートフォリオの条件	
同じようなチャートの銘柄は一つまで	
自分が信じている「株の格言」	
押目待ちの押目なし	
自分のスローガン	
如何なる時でも冷静に	
勝った時の自分へのご褒美	
ケツをひっぱたいてもらう	
負けた時のストレス発散法	
仲間と一緒に奢りじゃんけん	
らいおんまるさんに一言	
らいおんまるさんのおむつを替えるのは僕です	
株チューブを見てる人にメッセージ	
笑いも株も勢いが大事！	

俺の馬車灯み出てきて、
時間無駄にするのなしね!!

まっちょん
(JP10期最高成績)

早稲田大学
文化構想学部3年

趣味
食べ放題行き放題

自分の得意な足型パターン
勢いのある銘柄に乗る

自分が重要視するテクニカル指標
①出来高
②支持線のかたさ
③買残売残

自分が重要視する銘柄の条件
①出来高が高い
②ボラがでかい
③旬

こんな銘柄は絶対手を出さない
出来高がほとんどない銘柄

心に決めているポートフォリオの条件
買い増した分がマイナスにならないようにしている

自分が信じている「株の格言」
休むも相場

自分のスローガン
勝率よりも利益率

勝った時の自分へのご褒美
前場の１時間で切り上げて、アイス食べながら
昼ごはん何食べるか考える

負けた時のストレス発散法
叫ぶ

らいおんまるさんに一言
最近、痩せました？
おいしいもの食べに連れていってください

株チューブを見てる人にメッセージ
一緒に頑張りましょう！

バイオの神様仏様！

あとＴシャツセンスの女王様!!

ゆーや
(JP9期チーム長)

早稲田大学
教育学部数学科3年

趣味
女の子♡

自分の得意な足型パターン
アイランド形成からのboxトレード

自分が重要視するテクニカル指標
①トレンドライン
②エリオット波動
③フィボナッチ

自分が重要視する銘柄の条件
①リスクリワードの良さ
②流動性
③チャートの連続性

こんな銘柄は絶対手を出さない
全体的に青い銘柄

心に決めているポートフォリオの条件
スイングとデイトレの資金の比率は1：1

自分が信じている「株の格言」
休むも相場

自分のスローガン
リスクリワードに基づく損切りの徹底

勝った時の自分へのご褒美
現金にして札束を眺める

負けた時のストレス発散法
PC にグーパン

らいおんまるさんに一言
株の基礎基本を教えて下さりありがとうございました

株チューブを見てる人にメッセージ
"いいね" ボタンお願いします

らいおんまる

JR のイケメン枠！

中身はガチの超理数系!!

みったん

(JP特別枠)

(らいおんまるの相方)

現在IT企業にて
Webコンテンツディレクターとして従事

趣味
ゲーム
・Nintendo Switch ⇒ バイオハザードシリーズ、スマブラ、FIFA、マリオテニス、マリオメーカー、
・スマホゲーム ⇒ キャプテン翼ドリームコレクションをやりこんでいます！

現在注目していること
女性アイドルグループ『エルフロート』のマアヤという妖精に注目！みったんがメディア復帰をするきっかけを与えてくれた。

自分の得意な足型パターン
ボックス相場

自分が重要視するテクニカル指標
①ソーサーボトム　②ブレイクアウト　③ラインボトム

自分が重要視する銘柄の条件
①出来高が多い(一部銘柄を除いて300,000以上がマスト)
②値動きの大きさ(東証一部以外)
③信用買残・売残のバランス

こんな銘柄は絶対手を出さない

低位株で信用買残の多い銘柄には手を出さない
※よっぽど自信があるときは攻める

自分が信じている「株の格言」

勝とう勝とうは負けの元

自分のスローガン

・楽しく手堅く手早く程よく利益を出す！
・株にのめりこみ過ぎない！

勝った時の自分へのご褒美

コンビニで並んでいるスイーツを買い占める

負けた時のストレス発散法

とりあえず寝る。

らいおんまるさんに一言

この前、YouTube のライブ配信で恋バナしてましたよね。
もう 16 ～ 17 年の付き合いになるわけですが、、、。
初めて、らいおんさんの恋バナを聞いて引きました。引きました。

株チューブを見てる人にメッセージ

番組内でゆいいつ現物取引をしている人間です w
そして、毎月 100 円の運用資金で 15 ～ 20% の利益を堅実に出し
ています！　あ、株で利益を出すことより大事なことが！
放送を見てくださっているあなたに「楽しいと思ってもらえる瞬
間を 1 秒でも長く提供したい」が今の私の気持ちです

おわりに

　最後まで読んで頂きありがとうございました。

　私たち JumpingPoint!! のサークルの雰囲気を肌で感じて頂けたなら幸せです。

　「投資家たるもの孤独に耐えるべし」などと言われて久しいですが、少なくとも私たちサークルは創設以来これまで孤独と戦ってきたことは一度もありません。それでも 9 年にわたり年利 100％という結果を継続してこれたことは、自分のちょっとした自慢です。

　「どうせ稼ぐなら楽しく稼ご！」

　…そんなシンプルな思いから開設した Youtube チャンネルも、開設 8 カ月でまもなくチャンネル登録者 10,000 人を達成できる段階まで進み、いろんな挑戦を続けられる環境と、その歴史のバトンをこれまで繋いできてくれた歴代のメンバーに感謝しかありません。

　今回の書籍化は、サークルにとっても自身にとっても大きな挑戦でした。

　本編内でも紹介させて頂いた通り、普段の講義で「参考書は読むな、教科書に騙されるな」と学生の前で声高に叫んできた以上、掌返しで他の「株の参考書」が取り扱っている内容をなぞらえるわけにいかなかったため、結果として「個人投資家が書く機関投資家目線の本」という一見すると矛盾を

172

おわりに

内包した内容と戦うことになってしまい、どのように書けば皆様にその奇異な内容を伝えることができるか試行錯誤の連続でした。

スケジュールも押しに押し、締切最終日には果てしなく続く徹夜作業を最後まで温かく見守って頂いた、ぱる出版の皆様、デュマデジタルの表様、千葉様、最高の挑戦の舞台をありがとうございました。

最後に、株Tube制作チームで裏方で動画編集を続けてくれているイケメンなみんな(こだま・みなと・たけし・ゆいと・ゆーたまん・あっきー・きゃずや・ちぇる・わか・せっきー)、無敵の男・たいせい、信頼できる男・もげ、本当に本当にあんがとっ!

普段から「JumpingPoint!!の株Tube」を応援してくださっている全ての方に感謝の想いを届けられるよう、これからも自分たちが「本当に楽しい」「株って最高」と思えるコンテンツを発信させていただく所存ですので、引き続き変わらぬご声援をお願い致します。

そんなわけで最後はいつものご挨拶…
「みなさん、センキューベリーマッチョ! ムキムキっ!!」

2019年7月 吉日 らいおんまる

実戦重視の株式投資サークル!!
HPはこちら→

JumpingPoint!!

未経験者超歓迎!!

活動は週1回のみ!! インカレ!! 2年生以上もOK!!
http://jumpingpoint.web.fc2.com

雰囲気はほんわか
株サーなのにぜんぜん硬くない!!

テレビ東京系全国ネットにて「五反田マネーウォーズ2018」優勝
学生投資王2017・2018優勝（個人・団体とも）
チャンネル登録数5000人突破「JumpingPoinの株TUBE!!」企画&運営

☆「少額×効率重視」の投資を1から学べる!!

サークルの講義を担当してくれるのは株経験10年以上の起業家の先生!!
理論をわかりやすく1から勉強していくので、1年生も2年生以上も全員同じ
スタートラインから始められて、先輩後輩関係とか気にせず勉強できます!!
他大学OK!! 在学中に起業したい人には全面的にバックアップもしてくれます!!

☆サークル創設以来8年連続「超」黒字の実績!!

半年間で理論を勉強し、後期の12月から実戦としてサークルでファンドを運用
していきますが、ここまで8年連続黒字&平均年利100%以上の利回りを達成
しています!! もちろんメンバーは株を始めて1年以内の同期だけの数字です!!
活動は週1回のみ（水曜か土曜を選択）なので他のサークルと掛け持ちOKです!!

① 水曜日クラス → 毎週水曜日 19～21時
② 土曜日クラス → 毎週土曜日 17～19時

Mail: jumpingpoint2019@gmail.com

〈著者〉
株式投資サークル JumpingPoint!!（カブシキトウシサークル ジャンピングポイント）

代表らいおんまる（編著者）と、早稲田と東大を中心に、慶応・上智・明治・立教・青学・法政・一橋・電通大・東京医大・学習院など約150人で構成される学生最強サークル。テレビ東京「五反田マネーウォーズ2018」優勝、学生投資王2017・2018優勝（個人・団体とも）。
また投資ネットチャンネル「JumpingPoint!!の株TUBE」を配信し、半年で登録者6000人を突破する人気チャンネルに。投資方法や銘柄予測を、惜しげなく配信し続ける視聴者密着型コンテンツを目指している。

早稲田とか東大の投資サークルが書いた「無敗の株本」

2019年7月17日　　初版発行

著　者	株式投資サークル JumpingPoint!!
発行者	常　塚　嘉　明
発行所	株式会社　ぱる出版

〒160-0011　東京都新宿区若葉1-9-16
03（3353）2835―代表　03（3353）2826―FAX
03（3353）3679―編集
振替　東京　00100-3-131586
印刷・製本　中央精版印刷（株）

© 2019 "KabushikiToshi-circle"JumpingPoint!!　　　　　Printed in Japan
落丁・乱丁本は、お取り替えいたします

ISBN978-4-8272-1191-7　C0033

弊社では、投資全般に係わる相談、相場の変動予測、個別の相談等は一切しておりません。
実際の投資活動は、お客様御自身の判断に因るものです。
あしからずご了承ください。